Site de l'auteur

Poésies d'une vérité

http://lebaladin.canalblog.com


Photo Philippe ROPRAZ

# PHILIPPE ROPRAZ

# CHEMIN DE VIE

# Avant-propos

Ce livre raconte l'histoire d'un chemin parcouru dans les méandres de la vie, confronté aux expériences corporelles et spirituelles entre le rationnel et l'irrationnel, pour essayer de comprendre le but de notre existence, où chacun doit trouver sa place dans la chaîne de l'évolution.

Accepter le normal et le paranormal, c'est accepter cette relation entre le bien et le mal, le négatif et le positif, le corps et l'esprit, la vie et la mort, pour admettre qu'ils sont nécessaires à l'avancement de l'Homme et de l'Univers.

Nous avons tous, sur cette terre, une raison d'être, une mission à accomplir si infime soit-elle. A nous d'en puiser le sens, pour que nos réalisations soient l'essence de notre élévation.

Aujourd'hui, dans l'ère du verseau, la spiritualité tient une place essentielle, pour faire progresser l'être vers une nouvelle façon de penser.

Le partage et la nature sont d'une importance primordiale, afin de pouvoir préserver l'homme et notre belle planète bleue du chaos que nous sommes en train de vivre.

Accepter l'autre avec ses différences, c'est pouvoir s'unir, pour un meilleur avenir.

Notre âme s'enrichit au cours de ses multiples vies et prend conscience de ces deux phénomènes pour trouver l'équilibre, jusqu'à l'aurore du jour où elle pourra boire la lumière divine à l'unisson.

# Chapitre I

## De la naissance à 7 ans.

## Initiation à la vie.

## Connaissance du bien et du mal.

Nous sommes le 20 Juin 1953, une dernière belle journée de printemps avant la prééminence de l'été. Il est une heure dix du matin, je m'éveille en criant, sortant de mon cocon sans plus aucune protection, pour ouvrir mes yeux vers ce monde nouveau qui m'attend. Le cordon est coupé. A moi de prendre conscience de mon âme où je vais être seul sur ce chemin de vie.

Nous habitions sur la place du marché, au cœur du village médiéval de Milly-La-Forêt. Je me souviens de cette maison comme si c'était hier. Là, où j'ai passé toute mon enfance jusqu'à l'âge de vingt et un ans. Sa façade était ocre orangée, elle n'était pas très large mais tout en hauteur encastrée entre deux autres bâtisses. Elle était composée de deux étages.

Au rez-de-chaussée, on entrait directement dans la salle à manger, puis on grimpait deux marches pour se retrouver sur un petit palier. Il y avait des porte-manteaux au mur sur la droite et, sur la gauche, un escalier de bois pour accéder aux étages. Puis, juste après, un petit cellier servait de réserve pour la vie quotidienne. Devant, une porte vitrée à petits carreaux s'ouvrait sur la cuisine tout en longueur. En entrant sur la gauche, une autre porte donnait sur la cave et au fond une deuxième porte vitrée donnait accès sur une petite cour ouverte à l'air libre.

Deux grands bacs en béton servaient à la lessive jusqu'à ce que mes parents puissent acquérir une véritable machine à laver le linge. Puis au fond de la cour une petite porte donnait sur le cabinet de toilette.

Au premier étage, il n'y avait que deux pièces. A gauche du palier la chambre de mon frère et moi où nous avions une vue sur les toits des voisins et sur la cour. Sur la droite, celle de mes parents était orientée sur la place publique. Au deuxième étage à gauche, se situait la salle de bains et sur la droite, une grande pièce servait de salle de séjour. C'est là, que nous passions la majeure partie de notre temps car nous avions une vue panoramique sur la grande place du village. Mon père, fils unique, était le seul à travailler pour subvenir aux besoins de notre modeste famille. Il était employé comme ouvrier dans une usine qui fabriquait les premiers circuits imprimés pour ordinateur. Il travaillait en horaires décalés, une semaine le matin, la semaine suivante en soirée. Il ne manquait pas non plus de compléter son salaire par des heures supplémentaires le week-end. Dans ce contexte on le voyait peu, mais dans ces moments privilégiés sa présence était de qualité. Il voulait profiter de ses heures de repos au maximum, pour nous offrir que des instants de bonheur.

Il était très bon cuisinier. Lorsqu'il était là, il aimait préparer les repas que l'on appréciait grandement. Si bien que ma mère en était parfois jalouse.

Il s'amusait souvent à la taquiner sur son manque d'originalité en matière culinaires et, de son côté, elle était toujours à la recherche de nouvelles recettes pour essayer de le contrer. C'était un jeu entre eux. On aurait dit des gamins qui se chamaillaient pour obtenir le meilleur parti de manière à contenter les papilles de leurs chérubins.

Ils attendaient notre réaction après avoir dégusté leurs plats, puis, observant notre mine, ils reconnaissaient le gagnant de ce concours et en plaisantaient bien tous les deux. Mon père, de taille moyenne, était doté d'une grande souplesse et d'une musculature imposante.

Il faisait beaucoup de sport et avait créé un club avec un ami, dans lequel il donnait des cours de gymnastique et de culture physique. Durant cette période, il participa plusieurs fois à des championnats de France. Ses yeux gris-bleu avec un regard mystérieux et profond s'ouvraient sur un visage carré qui imposait une certaine détermination et autorité.

Ma mère, issue d'une famille de trois sœurs et un frère, était légèrement plus petite; fine et élancée avec des yeux marrons. Une longue chevelure ébène couvrait son visage plus doux et rond. Elle travaillait dans une boulangerie à Paris avant d'obtenir un emploi de postière à Milly-La-Forêt. Elle s'était initiée à la danse de salon grâce à son père et ses sœurs, qu'elle pratiquait avec aisance dans les bals du village. Et c'est au cours de l'une des ces soirées que mes parents se rencontrèrent. Ils se marièrent le 24 décembre 1949. Ils avaient déjà un enfant de quatre mois né en Août 1949. Avant ma naissance, ma mère s'arrêta de travailler pour s'occuper du foyer. Elle éleva mon frère aîné de quatre ans puis moi, nouveau venu dans cet univers qui m'était encore inconnu. Ma mère s'adonnait à toutes les tâches ménagères en supplément des travaux à réaliser dans la maison. Mon père ayant trop peu de temps à cause de son travail à l'usine, elle s'activait pour que leur logement devienne au plus vite agréable et vivable. Elle n'hésitait pas à s'employer aux durs labeurs en cassant des murs, déblayant des gravas, faisant des peintures etc...

Et lorsque mon père avait des moments de libre cela lui permettait de bien avancer pour la construction du nid familial. Une belle entraide afin d'améliorer notre vie quotidienne.

Mes grands-parents paternels tenaient l'hôtel du Cygne, en face des vieilles halles moyenâgeuses, «Construites en 1479 par l'Amiral de Graville, seigneur de Milly-La-Forêt, sous la grâce spéciale de Louis XI ». Ma grand-mère, très svelte, avait les yeux bleu marine et les cheveux noirs. C'était une femme très élégante qui s'habillait toujours très chic à la mode parisienne avec un maquillage très prononcé, qui lui donnait une certaine prestance pour gérer l'établissement avec brio. Tandis que mon grand-père, ancien bûcheron, ressemblait davantage à un homme des bois avec ses chemises à carreaux et son côté bon vivant. Il avait les cheveux châtains, les yeux d'un bleu limpide et une forte carrure avec des mains puissantes. Ces deux personnages semblaient ne rien avoir en commun et pourtant ils s'entendaient à merveille. Les jours de repos, elle passait la plupart de son temps dans les magasins de couture alors que lui préférait aller respirer l'air de la forêt, mais malgré leurs divergences, ils se respectaient avec une complicité évidente.

Dans ce bar restaurant s'affairaient des gens de passage, les habitués du village, des soiffards adossés au comptoir, des joueurs de belote, de billard et une belle brochette de chasseurs ripailleurs.

Une bande de bons vivants s'esclaffait dans un brouhaha de tintement de verres, de bouteilles, d'assiettes, de coups de gueule et d'histoires à dormir debout. Ces festivités se prolongeaient tard dans la soirée, dans un brouillard de fumée de cigarettes, de cigares et de pipes, inquiétant à l'époque, l'entourage des gens bien-pensants.

Je n'ai malheureusement pas connu mes grands-parents maternels, décédés avant ma naissance.
J'ai su que mon grand-père avait été garde-chasse, bon orateur et bon danseur avec une voix d'or ; il était souvent invité pour animer des soirées ou des mariages, pendant que sa femme s'occupait d'élever leurs cinq enfants, quatre filles et un garçon.

A ma naissance, ma mère était fière de son nouveau nourrisson qu'elle promenait dans son landau de fer, où les roues grinçaient dans un bruit d'enfer, cahotant tant bien que mal entre les lames des pavés. Je me souviens de ces femmes penchées sur moi, me touchant et me donnant des baisers baveux qui coulaient sur mes joues et ma bouche, en disant : « Qu'il est beau avec ses yeux de biche ! ». Certaines étaient sincères, d'autres reflétaient l'hypocrisie et la jalousie. Je le sentais déjà en moi, comme si je pouvais lire dans leurs pensées.

Mais ma mère était tellement heureuse de présenter son nouveau-né, trop absorbée par ces moments délicieux, qu'elle ne pouvait poser son regard sur la réelle vérité. J'aurais tellement voulu lui dire mon ressenti, m'aurait-elle comprise à travers mes gestes et balbutiements d'enfant ? Non bien sûr !

Elle avait simplement ce sourire radieux qui illuminait son visage où s'écoulaient ses longs cheveux noirs brillants. La réalité n'avait qu'un seul sens pour elle, celui de l'existence d'un instant présent : « Le Bonheur ».

Quel serait mon avenir entouré de gens aux sentiments différents. Le bien et le mal se présentaient à moi, une sensation étrange que je venais de découvrir qui ne semblait pas exister dans le monde précédent.

J'aurais voulu d'un coup de baguette magique, retourner dans mon univers protégé mais impossible. Je devais me rende à l'évidence qu'un autre chemin s'ouvrait sur les méandres de la vie.

Je ne pouvais plus reculer. Une seule solution possible avancer, toujours avancer vers cette nouvelle existence, pour faire ma propre initiation en tenant compte des différences qui viendraient se présenter. Savoir faire les bons choix au moment voulu, alors que je serai confronté à la tentation bonne où mauvaise et à faire des erreurs sur la route de mon destin, qui sera parsemée d'amour et de déboires avant de trouver le véritable équilibre.

Quelques temps plus tard, à l'âge de quatre ans, un ami de mon père qui venait souvent à la maison, s'est trouvé un jour à écraser de son gros godillot mon Bambi de bois, mon compagnon de route, celui avec qui je passais toutes mes journées et mes nuits. Il était mon confident, m'apportant la protection et l'amour. Le seul à voyager dans les jardins secrets de mon enfance. Et Là, je le voyais jonché sur le sol de la cuisine, broyé comme une vulgaire coquille de noix.

Je me suis mis à pleurer toutes les larmes de mon corps avec dans mes yeux pour la première fois de ma vie, « De la haine ». J'ai regardé cet homme fixement et mes pensées se sont projetées sur lui en lui disant: « tu l'as tué, tu vas mourir aussi ».

Quelques semaines ont passé et je n'ai plus jamais revu Monsieur V...Puis dans les conversations familiales, j'ai entendu dire qu'il était mort. Que signifiait ce phénomène dans ma tête d'enfant ? La présence puis l'absence. Je ne voyais pas encore la gravité de la situation, pour moi simplement mon compagnon de route était vengé. Ce fut sans doute une coïncidence, son avenir était-il déjà tracé ? Où avais-je eu à cette époque ma première Prémonition ? Quoi qu'il en soit cela m'a amené à comprendre plus tard, qu'il ne faut jamais souhaiter la mort d'une personne et réfléchir à la portée de ses paroles même sous l'effet de la colère.

Après cet incident quelle fut ma surprise de voir arriver un nouveau venu à la maison. Mes parents avaient recueilli un chien de la SPA, un caniche royal noir tout frisé avec des yeux pétillants, prêt à mettre un grand chambardement pour remuer ciel et terre autour de lui.

En peu de temps, il a essuyé mon chagrin et m'a comblé de joie par son amour et ses jeux. Je voyais en lui ce confident que j'avais perdu auparavant, une nouvelle complicité venait de naître.

Les mois s'écoulaient paisiblement. Je devais faire ma rentrée à l'école maternelle qui fut de courte durée : pas plus de trois jours.

Je commençais à avoir des problèmes de santé et à cumuler toutes les maladies infantiles possibles : varicelle, rougeole, oreillons, rubéole, etc... Ma mère se faisait beaucoup de soucis sur ma fragilité. Heureusement je pus entreprendre ma scolarité primaire.

Je me souviens de ma première rentrée scolaire. Mes parents m'ont accompagné à pieds, l'école n'était qu'à cinq cent mètres de la maison. Sur le chemin je me demandais ce que j'allais découvrir dans ce monde que je ne connaissais pas où je devais inévitablement m'instruire.

Nous arrivâmes enfin à destination. Après les présentations, l'instituteur nous fit entrer dans la classe.

C'était un homme de grande taille habillé d'une blouse grise et coiffé d'un béret noir, il portait des lunettes rondes à monture foncée qui lui donnaient un air sévère et autoritaire.

Il tenait toujours dans sa main une grande baguette de bois qui lui servait à montrer les cours au tableau noir, mais aussi à taper sur le bureau pour réclamer le silence.

J'observais cette pièce où j'allais passer maintenant la plus grande partie de mes journées. Il y avait cinq rangées de cinq pupitres d'écoliers. On m'avait placé au deuxième rang sur la gauche en face du bureau du maître. Devant moi se dressait une estrade avec un grand tableau de travail.

La salle était assez austère, les murs avaient des couleurs ternes sur lesquels étaient épinglées des cartes du monde, des illustrations sur les sciences, la nature, des gravures historiques et une qui reste encore dans mes souvenirs, « La bataille de Roncevaux, Roland ensanglanté jouant du cor semi allongé sur un rocher et au loin galopant le long d'un chemin, Charlemagne arrivant sur son cheval blanc avec ses troupes, pour tenter de le sauver ».

Au fond de la salle, seuls les porte-manteaux apportaient une touche de couleur par nos vêtements accrochés.

Nous portions aussi tous des blouses grises pour nous protéger des taches éventuelles, car à l'époque l'écriture se faisait à la plume et à l'encre. Je découvrais ce nouvel univers un peu pathétique où je venais de poser mes premiers pas sur le chemin du savoir .

Je faisais tous les jours la route avec mon grand frère, son collège était en face de mon école. Le midi, nous prenions les repas à la maison car il n'y avait pas de cantine, une pause agréable pour se retrouver en famille.

Puis avec lui je me sentais protégé. Il était un peu comme mon garde du corps en cas d'éventuels problèmes qui auraient pu arriver pendant le trajet.

Ma mère, étant très protectrice, nous avait prévu un itinéraire bien précis. Il était interdit de prendre les sentiers de traverse sur le chemin de l'école. Aucun débordement n'était possible et les horaires devaient être respectés à la lettre.

Elle avait bien calculé à l'avance le temps et, au moindre retard, elle aurait enfilé son manteau pour venir nous chercher. C'était sa façon à elle de surveiller de loin sa progéniture, en faisant régner l'obéissance et l'ordre.

Le soir quand les cours étaient terminés, tous les gamins petits et grands se retrouvaient avant de rentrer chez eux, sur une place près de l'école. Elle longeait tout le côté de l'église et le jardin clos de murs de la maison paroissiale. Son sol en terre battue était orné de tilleuls et de marronniers pas très hauts et toujours bien taillés, ce qui permettait de nous prendre de temps à autre pour tarzan. C'était notre jungle à nous.

C'était des bons moments de détente après la sortie des classes. On pouvait se défouler à loisirs avant de se préparer aux devoirs qui nous attendaient à la maison.

On y jouait au ballon, aux billes, aux voleurs et gendarmes, aux cow-boys et aux indiens dans un tintamarre de cris, de rires et de chamailleries d'où ne s'exhalait que le parfum subtil des instants d'un grand bonheur. Sur cette partie de la journée ma mère nous avait donné l'autorisation de rester.

Bien sûr il y avait une heure bien déterminée à laquelle nous devions rentrer. Cela servait d'une part à nous laisser un peu de liberté pour respirer, mais d'autre part elle savait que des parents venaient chercher leurs enfants tous les jours et se posaient assis sur un banc, pour discuter pendant quelques instants de la vie courante.

Ainsi, il existait malgré tout une surveillance accrue car nous étions dans un village où tout le monde se connaissait. La moindre bêtise ou le moindre écart aurait été rapporté très vite à qui de droit.

J'en avais d'ailleurs fait les frais, quand, un peu plus âgé, muni d'un lance-pierre, j'avais malencontreusement cassé un carreau d'une fenêtre en voulant vérifier si mon arme était suffisamment puissante pour que la bille dépasse le toit de la maison. J'étais à peine rentré qu'une personne sonnait à la porte de chez moi.

Mes parents ont dû faire les démarches à leur compagnie d'assurance afin de rembourser les dégâts. Des représailles sévères et une punition à la clef me remirent rapidement dans le droit chemin.

# Chapitre II

## De 8 à 11ans.

## Première sortie du corps charnel.

## Rêves prémonitoires.

Tout allait bien jusqu'au jour de mes huit ans, abcès grave à l'œil gauche, risque de perdre la vue.

Le médecin de famille n'avait pas d'autre choix que de prescrire une intervention chirurgicale. L'opération eut lieu sur la table de la cuisine dans la maison familiale. A cette époque le médecin se déplaçait selon la gravité du cas, ce qui aujourd'hui semblerait complètement insensé. Le travail allait commencer. J'entendais l'eau bouillir, son frémissement me donnait des frissons jusqu'à m'en glacer les os. Je voyais les linges blancs où les instruments étaient posés et l'on m'avait recouvert d'un drap de même couleur. Quelques mots doux de réconfort venaient caresser mes oreilles pour briser la torpeur de ces moments de silence angoissant.

L'anesthésie locale commençait à faire effet quand, soudain je me suis senti soulevé dans les airs, comme une plume légère voltigeant au gré du vent. Je flottais allègrement comme un oiseau sur les lames du plafond, regardant ma mère, mon père et le médecin, penchés sur ce corps étendu qui ne semblait plus être le mien. Je fus pris de panique et criai, « *Au Secours* », pour qu'ils m'aident à redescendre et comprendre ce qui m'arrivait. Mais rien n'y faisait. Ils ne m'entendaient pas, impossible de communiquer avec eux.

Je n'avais aucune sensation de vertige, je ne pouvais en aucun cas tomber. J'étais en lévitation. Je ne respirais plus, comme faisant partie intégrante de l'air dans un ensemble. Malgré mes craintes une atmosphère de plénitude m'envahissait. Je sentais vibrer en moi l'émotion intense d'une pure sérénité où cet aspect de corps astral dans lequel je me trouvais, semblait naturel dans ce monde surnaturel. Ce qui était surprenant aussi, c'est que je pouvais voir ! J'étais spectateur d'une scène de vie qui était la mienne. Cela ne pouvait pas être un rêve car je ressentais vraiment cette perception de vivre dans l'instant présent avec ce fait étrange d'avoir des yeux, de pouvoir entendre mais de ne plus posséder ni de chair, ni de membres, comme si mon enveloppe corporelle n'existait plus.

J'avais une vue panoramique de la pièce entière et de tous ceux qui m'entouraient, ma mère, mon père, mon corps étendu sur la table, le médecin qui m'opérait et même mon chien était là assis sur le carrelage. Il semblait inquiet et quelquefois levait la tête vers le plafond comme s'il sentait une présence inhabituelle, grâce au pouvoir particulier qu'il possédait, son instinct animal.

Du haut de mon belvédère j'avais la capacité d'observer tout ce petit monde et en même temps l'impression qu'il se reflétait une image dans un immense miroir.

Je me sentais libre. Je n'avais plus mal. Cependant j'avais ce sentiment d'être prisonnier dans une espèce de bulle qui n'avait aucune sortie, une enveloppe m'entourait sans issue possible. Comment pouvait-on m'emporter comme cela si facilement sans que je ne puisse réagir pour me défendre ? Me battre oui ! mais contre qui ? Contre quoi ? Je n'avais pas d'adversaire en face de moi pas plus sur les côtés qu'à l'arrière.

Quelle était cette force d'une incroyable puissance, capable de me soulever comme une plume et de faire de moi ce qu'elle voulait ? Je n'avais pas le choix. Je devais donc abdiquer devant ce pouvoir suprême.

Je ne pouvais pas diriger cet état dans lequel je me trouvais. J'étais transporté malgré moi. Quelque chose d'imperceptible me guidait je ne savais Où ? Mon esprit se retrouvait dans le cellier, un endroit sombre à côté de la cuisine qui servait de réserve pour la nourriture.

C'était le noir total. La peur m'envahit. Je n'avais pas de larme, pas de cris, j'étais comme oppressé dans un silence et une solitude qui me transperçaient jusqu'au fond de mon âme, sans pouvoir réagir. Était-ce une autre forme de vie ? Étais-je déjà mort ? Étais-je un fantôme ? Mille et une questions traversaient mon esprit, sans m'apporter aucune réponse. Que faire ?

Rien. Attendre, simplement attendre dans l'angoisse et la peur. La seule chose qui me rassurait était de percevoir leurs voix ; pas des paroles, mais comme des pensées qui m'apportaient des nouvelles sur l'avancement de l'opération. C'était instinctif je ne contrôlais rien, juste le soulagement de me sentir peut être encore vivant.

Et puis, comme par magie, j'ai réintégré mon corps, je n'avais ressenti aucune notion de temps entre mon départ et mon retour, seulement un instant dans l'espace.

J'ai observé pendant quelques moments l'ampoule électrique suspendue au plafond. Cette lumière artificielle me réconfortait d'être revenu de cet endroit étrange et mystérieux, où je me sentais abandonné si loin des miens.

De nouveau, les visages de mes parents et du médecin étaient là, avec le sourire, quel bonheur! Ils étaient aux anges. L'opération s'était bien passée. J'entendais leur conversation : « l'œil gauche était sauvé, il pourra retrouver ses capacités dans quelques semaines, mais n'aura plus jamais la même vue que le droit. En attendant, le pansement doit être changé régulièrement pendant plusieurs jours et après les soins. Il faudra qu'il porte des lunettes, le temps de recouvrer une vision correcte ». Imaginez ! A l'époque, mes parents étant peu fortunés, je me suis retrouvé avec des lunettes rondes en métal style sécurité sociale. Les branches à ressort me blessaient horriblement derrière les oreilles, je devais toute la journée mettre du coton et subir les rires des copains à l'école, mais cela a été vite oublié. Depuis ce jour, j'ai commencé à faire des rêves étranges. J'ai très vite compris qu'ils avaient une signification particulière. Ils s'avéraient prémonitoires et j'allais les vivre d'une certaine façon dans la réalité. Certaines nuits, je volais dans les airs, je voyageais dans la maison et une sensation de légèreté, de liberté m'envahissait. Je n'avais plus peur. J'étais bien, car je savais que, cette fois, je me réveillerais. Désormais j'avais la possibilité de contrôler cet état d'être et de me diriger où je le souhaitais.

C'était tellement bon et agréable que je ne voulais pas que cela s'arrête. J'étais transporté aux portes de l'irréel, dans un autre univers de couleurs et de lumières aux lueurs d'arc-en-ciel, trop beau pour être vrai. Chaque soir, je m'endormais très vite pour continuer mon grand voyage.

Peu de temps après, mon père descendit du grenier un petit avion en balsa, équipé d'un moteur à essence. Il me dit : « Va chercher ton frère. Nous allons tous les trois au stade, voir si cette relique vole toujours ». Il le mit en marche et le lança, l'avion prit son envol dans le ciel bleu sous les rayons du soleil lumineux. C'était fantastique. J'étais à l'intérieur du cockpit. Je revivais ébahi, le bonheur des nuits où je planais dans les airs, libre comme l'oiseau. Je ne pouvais pas définir à mon âge s'il existait une frontière entre le rêve et la réalité. Les deux situations se ressemblaient tellement, je me situais juste au cœur de ces moments intenses. Je les vivais réellement sans me poser aucune question, qui me semblait inutile, dans ces instants présents.

Mais hélas, d'autres rêves plus sombres et plus noirs sont arrivés, balayant cette lumière de bonheur. Une fois de plus, j'allais côtoyer le bien et le mal.

Dans la chambre que je partageais avec mon frère qui dormait souvent comme un loir, je vis soudain arriver des hordes d'animaux en furie. Ils envahissaient notre univers. Éléphants, rhinocéros, girafes, zèbres, lions, tigres, léopards, panthères, j'étais dans la jungle. Ils semblaient en colère et dans leur course folle, j'entendais sonner des trompettes comme une musique de cavalerie. J'avais peur qu'ils m'écrasent ou me dévorent. Je me réveillais en sueur et en criant. Ma mère arrivait en courant, en m'embrassant et me disant : « Ce n'est rien. Tu as juste fait un cauchemar, dors ça va aller mieux maintenant ». Mais rien à faire dès que le sommeil reprenait, ils revenaient encore de plus belle, je les voyais traverser la pièce à vive allure dans un vent de panique comme s'ils fuyaient un danger. Je voulais oublier mais le lendemain je revivais la suite du rêve encore et encore. Cela a duré plusieurs nuits puis soudain tout a cessé. Un matin, mes parents annoncèrent que toute la famille irait bientôt au cirque d'hiver Bouglionne à Paris. C'était le cadeau de Noël offert aux enfants, par la société où travaillait mon père.

Au spectacle, assis sur des gradins à mi-hauteur, je pouvais observer sur la droite, un orchestre composé de cuivres et de tambours qui donnait le départ de chaque représentation.

Sur la piste, tournait la ronde des animaux. Je revoyais toute cette tribu qui défilait sous mes yeux. Ils se retrouvaient finalement comme en prison. Je comprenais maintenant leur colère, ce message que j'avais ressenti pendant mes nuits de sueur froide, ce qu'ils vivaient vraiment dans la réalité c'était d'avoir perdu leur liberté. J'ai pleuré pour eux de voir leur condition de vie. Dès lors je ne suis jamais retourné dans un cirque. Une fois de plus, comment définir ce qui m'arrivait ? Simplement que le rêve rejoignait la réalité et que ces deux extrêmes étaient liés dans les dimensions de la vie.

Une autre fois, je regardais les rideaux de la fenêtre de notre chambre et commençais à m'endormir paisiblement, quand ils se sont mis à bouger. Un être en est sorti, une sorte de loup-garou avec une mâchoire énorme imbibée de sang. J'étais tétanisé. Je me suis enfoui à plat ventre, la tête sous mon oreiller mais ses crocs se sont plantés dans mon dos et, chose bizarre, le lendemain en me réveillant je ressentais la morsure. J'étais pourtant bien dans la réalité en prenant mon petit déjeuner.

Mon frère le lendemain me dit : « Viens, nous allons jouer aujourd'hui chez mon ami D...», dont le père tenait une boucherie.

Il savait que cet endroit me faisait peur. Il fallait passer par l'arrière-cour où deux molosses, des Bas-rouges, étaient en permanence sur la défensive et protégeaient leur univers, nourris de résidus de viande fraîche que le boucher ne pouvait pas vendre. Ils étaient toujours attachés, c'étaient les gardiens de la boutique. Personne ne pouvait les approcher, même leur maître se méfiait de leur humeur. Il leur jetait de loin la nourriture provenant des animaux qu'il avait tués la veille, par peur que ses gardes du corps un jour se retournent contre lui. Nous étions partis pour aller rejoindre cet ami, on ouvrait l'énorme porte en bois de cette cour, mon frère me tenait la main et me protégeait car il connaissait mes craintes vis à vis de cet endroit où je ne ressentais que de la panique. Et Là ! Mauvaise surprise : un chien était détaché. Par quel mystère ? Nul ne le sait ? L'horreur, il hurlait à la mort, prêt à nous dévorer avec sa mâchoire énorme et ses dents acérées encore sanguinolentes, du repas qu'il venait de se délecter. Il se mit à courir vers nous. Effrayé je ne pouvais plus bouger, mon frère me dit « Vite, vite. Demi-tour, cours, cours. Ne regarde pas derrière toi ! » Ce jour là, nous avions battu le record du cent mètres, qu'un athlète obtiendrait en ayant un chien enragé aux fesses.

De nouveau je me trouvais confronté entre rêve et réalité. Quels étaient ces phénomènes qui m'emportaient entre le normal et le paranormal?

De retour à la maison, je suis allé me poser dans ma chambre, dans un premier temps pour me remettre de mes émotions et puis aussi pour réfléchir à ce qui venait de m'arriver. Il était évident que j'arrivais maintenant à capter des événements à travers des mes rêves. Ces images que l'on me montrait étaient un futur proche qui allait se produire dans la réalité. Est-ce le fait d'avoir eu une sortie de corps pendant mon opération qui m'avait ouvert l'esprit vers une plus grande sensibilité spirituelle ?

Je n'avais plus de doute, il y avait bien un lien avec ce que je vivais aujourd'hui. Dans ces premières parties de mon enfance, je me trouvais déjà face à des situations rationnelles et irrationnelles. Je ne pouvais pas encore à cet âge analyser réellement ce qui se passait en moi, mais il y a une certitude, c'est que mon corps et mon esprit étaient en étroite corrélation ; cette relation fusionnelle entre le charnel et le spirituel que je devais arriver dans le futur à bien définir pour en trouver le juste équilibre.

# Chapitre III

De 12 à 14 ans.

Deuxième sortie du corps.

Ma relation avec le temps.

Vision de vie antérieure.

Première rencontre avec la mort.

Je venais d'avoir douze ans. Nous étions en vacances scolaires, le salaire de mon père ne suffisait pas pour nous offrir des voyages. Alors je restais dans mon village avec quelques amis de conditions aussi modestes.

Il y avait la forêt, les jeux, la pêche, cela occupait largement nos journées, nous étions heureux ainsi.

Par chance, un car nous emmenait deux fois par semaine à la piscine, à sept kilomètres de chez nous.

C'était un beau jour de juillet, le ciel était d'un bleu pur avec un soleil de plomb qui faisait fondre le goudron des routes, dans des odeurs nauséabondes.

A chaque fois, c'était une joie d'aller pouvoir se rafraîchir et s'amuser comme des fous à tous les jeux d'eau possibles. Je ne savais pas encore nager, je me contentais du petit bain.

Mais ce jour là, un ami, un peu plus âgé que moi me dit : « Viens dans le grand bain arrête de faire ta mauviette, tu vas voir, tu vas apprendre très vite »

Il me titillait sans arrêt, mon ego était touché et je voulais lui montrer que je n'étais pas un trouillard. Alors je me suis jeté à l'eau. Je commençais à barboter tant bien que mal. Je n'arrivais pas à rester sur la surface.

« Je coulais ». Dans la panique ma bouche se remplissait de ce liquide javellisé.

« Je commençais à étouffer ». « J'appelais ». Personne pour m'aider, tout le monde criait, riait dans la piscine, alors un de plus ou de moins on y prêtait pas d'importance, c'était inaudible.

Le maître nageur n'avait rien vu, fier comme un paon, il passait son temps à montrer sa belle musculature, aux petites minettes qui se faisaient dorer au soleil.

D'un seul coup toute ma vie, passait comme un film dans ma tête, elle défilait à une vitesse vertigineuse. En quelques secondes, je revoyais mes parents, mon frère, mes grands-parents, mon chien, ma maison, mon village, mes amis, mes rêves, mes joies, mes peines, mes jeux.

Tout ce que j'avais vécu auparavant chaque jour, chaque instant était là, comme au cinéma, mon regard intérieur ouvrait les portes de ma mémoire.

De nouveau cette sensation étrange m'envahit. Je me suis retrouvé à regarder mon corps se noyer.

Il montait, descendait, se débattait de toutes ses forces dans tous les sens, les pieds touchaient de temps à autre le fond de la piscine exerçant une pulsion puissante remplie d'espoir pour remonter à la surface ; l'instinct de survie devenait plus fort que le désespoir ; mais ma bouche trop grande ouverte se gorgeait d'eau et mon visage se pétrifiait par la peur.

A cet endroit du bassin la profondeur était de deux mètres et à cet âge je mesurais largement un mètre cinquante. La différence n'étant pas excessive, il restait des chances de m'en sortir.

Pourtant la mort paressait imminente. Comment pouvais-je me libérer de cette situation impossible ? Tout le film de ma vie était passé, ma dernière heure était-elle arrivée ?

Comme précédemment je ne ressentais aucun mal. Cette souffrance ne semblait pas être la mienne. Il existait en moi deux êtres, l'un qui exprimait la douleur et l'autre pas.

Dans cette apesanteur c'était le vide et le silence total. Plus rien autour n'existait, mon regard spirituel était fixé uniquement sur ce corps en détresse. Il fallait agir sans attendre mais de quelle manière ?

J'étais une fois de plus sorti de mon enveloppe charnelle comme à huit ans sans aucune notion de temps. Mais cette fois-ci, c'était différent je pouvais tout contrôler, j'étais à deux mètres à peine et là je devais prendre une décision immédiate. On me montrait une image, une situation, pour me sauver.

Le message était passé, je voyais l'échelle du mur de la piscine à peine à cinquante centimètres. J'avais juste à tendre la main pour l'attraper et dès l'instant où j'avais agrippé les barreaux, j'étais revenu en moi.

Je commençais à me poser beaucoup de questions suite aux diverses expériences que je venais de vivre. Cela me semblait aussi réel qu'irréel. J'avais maintenant cette impression que chaque fois, elles évoluaient et que je commençais à pouvoir les diriger pour m'en servir à bon escient.

C'était un fait tout nouveau que je devais prendre en considération pour avancer dans ce domaine et le comprendre.

Je ne pouvais en parler à personne. Qui aurait pu écouter ce genre de balivernes, venant d'un enfant de douze ans ? On aurait dit : « Quelle imagination ! » ou bien, « Vous devriez le faire suivre par un médecin ce petit ! » C'était mon jardin secret, heureusement d'ailleurs, sinon on m'aurait conduit chez un psy.

De retour à la maison, ma mère me regardait fixement. Elle n'était pas dupe et me dit : « Tu es bizarre. Tu es blanc comme un linge. Que t'arrive-t-il ? Je ne veux pas que tu restes trop longtemps au soleil, tu dois te mettre à l'ombre de temps en temps, sinon plus de sortie. Tu as compris ! » J'acquiesçais de la tête, en pensant : « Ouf ! Je ne m'en sors pas trop mal ».

Elle avait beaucoup d'intuition et aussi un don, une espèce de fluide. Quand mon père, qui travaillait très dur, rentrait quelquefois avec un gros mal de reins, elle posait ses mains sur son dos et le mal disparaissait aussitôt, comme par magie.

Elle faisait la même chose sur mon frère et sur moi lorsque nous avions des maux de tête. Elle frottait délicatement nos tempes, par un mouvement circulaire, une chaleur intense se produisait et quelques instants plus tard, plus rien, la douleur était estompée.

J'aurais voulu lui parler de ce qu'il m'arrivait. Je sentais beaucoup de spiritualité en elle, à travers ce don étrange qu'elle possédait, cela me semblait trop tôt. Il fallait que je comprenne à tout prix, avant de pouvoir m'exprimer avec les bons mots pour retenir son attention.

Je devais trouver une réponse à mes questions. Je me souvins alors qu'il existait un livre étrange dans la bibliothèque de mes parents, que je possède encore aujourd'hui, le dictionnaire des sciences occultes et du mystère.

Il a été publié en 1937 sous la direction de Frédéric BOUTET, avec une couverture noire, représentant la paume d'une main où l'on voit les lignes du destin et une énorme chauve-souris, les ailes déployées aux dents acérées.

C'était le premier livre dans lequel j'allais me poser, pour essayer de comprendre les messages de l'au-delà.

J'ai dévoré chaque page, astrologie, alchimie, âme, androïdes, antéchrist, apparitions, cartomancie, diable, divination, envoûtement, exorcisme, fakir, fantômes, fées, graphologie, loups-garous, magie, magnétisme, vampires, messe noire et de sang, monstres, oracles, possession, présages, prophétie, rêves, sorcellerie, spiritisme, superstitions, carte du tarot, télépathie, templiers, visions, voyance et le dictionnaire des songes. Tout était là, dans ce livre, pour apporter de l'eau à mon moulin.

Certains écrits m'ont paru vrais et d'autres aléatoires, surtout sur la signification des rêves, où est représentée une image, qui correspond à une autre situation, voulant détourner la vérité absolue.

Je ne suis pas d'accord. Beaucoup ont écrit pour dire : « Si vous rêvez de ceci, de cela, il va vous arriver telle ou telle chose ». Combien aujourd'hui de personnes se retrouvent dans cette vision utopique ?

Pour moi, un arbre représente un arbre, et sera toujours un arbre, la mort, la vie, l'argent, l'amour, les êtres disparus, etc. Chaque rêve n'est que le reflet de nos réalisations du passé, du présent et du futur, à nous de le définir dans sa réalité propre pour voir ce qu'il nous apporte vraiment. Pourquoi aller chercher ailleurs ce que nous avons devant nos yeux ? L'interprétation de nos songes est la semence de ce que nous vivons ou allons vivre, sur le chemin de notre existence.

Un peu plus tard, une autre chose bizarre m'arrivait que je dus déterminer : la notion du temps.

C'était le jour de ma communion solennelle. Il faut dire que ma mère étant très croyante, j'avais passé toutes les étapes de la religion, baptême, communion privée, catéchisme, enfant de cœur.
Mes parents m'avaient offert une chaîne en or avec le christ et une belle montre pour commémorer ces instants. Il y avait en même temps la fête au village avec des manèges. Après la cérémonie, je m'y rendais et montais dans les autos-tamponneuses. Soudain dans la minute qui suivit le bracelet de ma montre cassa, elle tomba au milieu de la piste et se fit broyer par un autre véhicule.

Au retour à la maison, je devais subir le sermon de mes parents mais face à mon chagrin, ils me consolèrent en disant : « Sûrement ce bracelet devait avoir un défaut ? Finalement ce n'est pas entièrement de ta faute ».

Ils décidèrent alors de m'offrir une nouvelle montre pour mon anniversaire. J'étais très heureux. Ce jour là mon frère me dit : « Viens, nous allons à la pêche ». C'était toujours un plaisir d'aller avec lui taquiner le poisson. Il m'apprenait à bien pêcher grâce à son savoir et ses conseils.

Nous arrivâmes au bord de la rivière. Je pris ma canne à lancer, d'un geste précis le fil se dirigea où je voulais. A nouveau le bracelet céda, je vis la montre partir avec le bouchon au milieu de l'eau, je me dis, « Ce n'est pas possible deux fois de suite, coïncidence ou pas ? » En tous les cas le retour fut mémorable et je n'ai plus jamais eu ce genre de cadeau.

Cela m'arriva une troisième fois, je vous en donnerai les détails un peu plus loin.

Je m'interrogeais : « Sans doute ne suis-je pas fait pour supporter le poids du temps, est-ce contre nature en ce qui me concerne ? »

D'ailleurs je ne suis pas le seul. La montre de certaines personnes au simple contact de leur poignet, s'arrête. Est-ce dû au magnétisme ou à l'électricité statique ? Depuis je me suis habitué à vivre au rythme du soleil. Je peux déterminer l'heure à une dizaine de minutes près et, ce qui est étrange, c'est qu'à chaque changement d'heure, je suis décalé d'une heure, il me faut attendre quelques temps d'adaptation pour me rétablir. Ce que nous pouvons observer, c'est que ce fait est commun à une très grande majorité de personnes et également chez les animaux.

Au seuil de ma quatorzième année, mes parents qui faisaient partie de la SPA, avaient recueilli un chien perdu. Au cours de leur recherche, ils avaient retrouvé la propriétaire. Nous avons donc raccompagné ce petit animal chez Madame L… Elle vivait seule dans une grande maison bourgeoise, une demeure qui datait de l'époque Napoléonienne. La grille d'entrée et les murs d'enceinte étaient beaucoup plus récents, de hauteur assez conséquente au point que l'on ne pouvait pas voir le terrain. Elle nous ouvrit. Il y avait un chemin de cailloux blancs, bordé de chaque côté par une pelouse entretenue à l'anglaise avec des grands arbres, charmes, chênes et marronniers.

En face, on apercevait la maison. Elle était blanche avec sur le toit des mansardes à fenêtres rondes. Un grand escalier de pierre permettait d'accéder à l'entrée. Le tout entouré de parterres de fleurs et d'un jardin magnifique.

Elle était tellement heureuse d'avoir retrouvé son animal de compagnie, que pour nous remercier, elle nous invita à déjeuner.

Au cours du repas, je me sentais chez moi : une impression de déjà vu. Lorsque je dus me rendre aux toilettes, elle m'indiqua le chemin. Mais ce couloir je le connaissais par cœur. Intrigué, je voulais continuer l'exploration encore plus loin.

Pendant que les adultes bavardaient, je suis allé visiter quelques pièces, les chambres, la salle de bains. Chaque recoin me semblait si familier. Accédant discrètement à l'étage, je remarquais cet œil de bœuf dans l'escalier qui servait à observer la rue.

J'eus un flash. Des souvenirs fusaient dans ma tête. Je revoyais tous ces moments où je passais beaucoup de temps à cet endroit pour regarder dehors. Je voyageais dans une autre dimension. Avais-je vécu ici auparavant ? Comment cela pouvait-il se produire ?

Cela semblait impossible. C'était la première fois que je venais chez cette dame. Pendant le trajet du retour, je regardais défiler le paysage, espérant trouver de nouveaux repères qui reviendraient dans ma mémoire, pour me donner une réponse.

Avais-je vraiment vécu dans cette maison et comment ? Je n'y suis jamais retourné, j'appris par mes parents, que la personne avait déménagé.

La nuit même, je fis un rêve dans plusieurs dimensions. Dans mes songes, j'allais me coucher dans une chambre. Le lit, d'une largeur pour une personne, était collé le long du mur avec des draps blancs brodés et une fine couverture bleutée, comme celui que j'avais vu quelques heures avant. J'étais dans un autre chez moi. Dans cet endroit, je me sentais bien. Je me suis de nouveau mis à dormir et rêver. Je passais dans une autre mémoire, dans d'autres souvenirs. Sous un beau soleil de printemps, je me retrouvais dans un parc verdoyant avec des grands arbres. Au loin, je pouvais apercevoir une grande maison à étage avec en façade un grand escalier qui menait à l'entrée, le toit était mansardé avec des fenêtres rondes, le tout bordé d'un superbe jardin fleuri.

Je distinguais des femmes, habillées de robes longues tenant des ombrelles pour se protéger des chaleurs printanières. Elles riaient et bavardaient en prenant le thé, tout en surveillant leur progéniture. Des hommes étaient là aussi, marchant lentement tout en parlant et fumant de longues pipes avec des gestes délicats et apprêtés. Ils étaient coiffés de chapeaux hauts-de-formes, dans des costumes noirs agrémentés de chemises blanches immaculées ; leurs chaussures d'un noir éclatant reluisaient sur l'herbe verte taillée à l'anglaise. Cette tenue vestimentaire leur donnait une allure très distinguée qu'ils portaient avec aisance.

De mon côté, je jouais avec d'autres enfants que je ne connaissais pas dans mon monde d'aujourd'hui. Nos vêtements étaient d'une autre époque.

Un autre phénomène qui m'a surpris c'est que j'étais habillé en petite fille, paré d'une belle robe blanche brodée à l'ancienne, j'étais de sexe féminin.

Nous étions tous heureux. J'étais au jardin d'Éden dans un univers paradisiaque. Je me suis avancé vers la maison et puis je suis entré.

C'était bien ce même couloir, je voyais la salle à manger où nous avions mangé avec mes parents dans ma vie actuelle, seuls les meubles étaient différents, le cabinet de toilette était aussi à sa place.

Puis j'ai pris l'escalier pour monter jusqu'à l'œil de bœuf et là, je regardais dehors comme j'aimais tant le faire. J'étais chez moi. J'observais, le parc et je pouvais voir la rue, car à cette époque, le haut mur d'enceinte n'existait pas. J'aimais passer des heures derrière cette petite fenêtre ronde pour regarder vivre tout ce monde extérieur qui vaquait à ses occupations journalières.

Il y avait des cochers conduisant des fiacres attelés de chevaux bien bardés cahotant sur les pavés, transportant que des gens bien aisés.

Toute une foule de badauds marchait ou discutait sur les trottoirs en faisant du lèche-vitrines. Mais il y avait aussi les plus pauvres. Pour eux pas de chapeaux ni de costumes à la mode, pas le temps de prendre le temps d'exister. Juste quelques vêtements déchirés ou rapiécés et une casquette dans le même état, ceux que le travail usait à force de servir les plus riches.
« D'ailleurs aujourd'hui il me semble que rien n'a changé, sauf les tenues vestimentaires ».

Ces êtres tiraient de lourdes charrettes avec des chevaux fatigués autant que leurs maîtres. Il y avait le livreur de lait, de vin, le boulanger, des femmes et des enfants mal fagotés portant des sacs trop lourds pour eux...

Et puis ce rémouleur avec sa petite carriole équipée de sa meule de pierre qui parcourait tous les endroits de la ville en criant d'une voix aiguisée : « Couteaux, ciseaux » pour attirer les clients et se limait les doigts pour trois fois rien, à force d'affûter quelques lames coupantes.

Il y avait aussi ce musicien de rue qui jouait de l'orgue de barbarie. Ce vieil homme usé par le temps et la misère, fredonnant de sa voix chevrotante quelques ritournelles en animant le quartier pour récupérer quelques piécettes, juste de quoi assurer son repas de la journée.

Dans ce va-et-vient incessant, je me sentais privilégié dans cette demeure cossue habillé comme une princesse.

Alors, je suis allé dans ma chambre me poser sur ce lit aux draps brodés avec cette couverture bleutée bien au chaud. J'étais dans cet univers où les rêves semblaient se rejoindre dans une réalité intemporelle.

Je me suis réveillé dans ce même lit et ensuite dans mon autre lit, celui de la maison familiale. J'avais l'impression de descendre par palier, comme en apnée dans deux vies différentes. Pendant un long moment je me demandais dans quelle réalité je me trouvais et quelle était la vraie ? Avais-je été transporté dans cette pièce ou dans un univers parallèle pour me montrer quelques bribes d'une vie antérieure ?

De nouvelles interrogations se profilaient dans ma tête espérant un jour en trouver les réponses. Que pouvait bien définir cette nouvelle expérience ? Qu'elle en était la raison et le but ? Il y avait déjà un fait certain que je devais prendre en considération. Dans cette vie antérieure, j'étais dans une famille aisée où tout semblait facile et qu'aujourd'hui je me trouvais dans un milieu ouvrier, où j'aurais un autre destin à accomplir plus difficile à force de travail et de détermination.

Un choix décidé avant ma naissance où je devais connaître cette existence, pour bien en saisir tous les aspects et en gravir chaque obstacle. Une nouvelle épreuve à passer pour atteindre à terme la source de toutes mes réalisations.

Ces souvenirs sont apparus pour me montrer, cela est sûr, que j'ai eu d'autres vies, que le chemin de notre destin nous emmène quelquefois dans certaines circonstances, à la rencontre de personnes, d'endroits que nous serions censés avoir connus et qu'ils sont nécessaires à notre évolution.

Un autre fait étonnant : je me retrouvais dans cette vie antérieure dans un corps de petite fille. Comment cela pouvait être possible ? Pourquoi aujourd'hui j'étais de sexe différent ? Devons-nous connaître plusieurs aspects corporels pour évoluer dans notre futur ? J'eus les réponses à mes questions plus tard dans mon existence.

Nos vies antérieures sont les fruits de notre futur, ceux que nous devons cueillir, pour ne pas oublier que notre âme initiatrice traverse la nuit des temps emportant avec elle, la vie et la mort, le bien et le mal à travers plusieurs réincarnations, pour que notre être s'améliore. Ainsi, au bout du grand voyage, nous pourrons voir toutes nos vies défiler, avec tout ce que nous avons construit pour accéder à notre élévation. Cette vision spirituelle nous permettra de comprendre et de réagir sur nos actes, bons et mauvais, afin de pouvoir s'épurer pour avancer encore plus loin vers la source lumière divine.

Il est évident que nous avons le libre arbitre de nos actions, même si les écrits de notre parchemin sont apparemment précis et décidés à l'avance. A nous de faire le bon choix afin de trouver la bonne route.

Aujourd'hui je suis certain, que selon nos besoins et pour nous éclairer vers un meilleur avenir, nous avons la capacité d'entrevoir les secrets que notre âme transporte à travers nos vies antérieures et futures.

Mes grands-parents avaient vendu l'hôtel restaurant pour acheter une boutique de mode. Ma grand-mère avait bien géré son affaire. Il faut dire aussi qu'ils étaient fatigués d'avoir travailler dur dans cette entreprise et ce petit commerce leur permettait de vivre plus paisiblement au vu de leur âge.

Avec mes parents et mon frère, nous allions souvent chez eux. J'adorais ces veillées, car mon grand-père était un conteur hors pair et, à chaque fois, nous étions suspendus à ses lèvres pour écouter les histoires racontant sa vie et celle de ses ancêtres.

Je me souviens aussi de ce poste de radio en bois où nous écoutions l'émission « Au théâtre ce soir, les pièces de Pierre Sabbagh, créées en 1966». Il ne fallait surtout pas en rater une seule car chaque jour nous avions la suite dans un nouvel épisode.

Puis, le 16 Mai 1967, mon grand-père décéda à l'âge de 78 ans. Je réalisais alors ce que signifiait la mort, l'absence d'une personne chère à notre cœur qui ne sera plus jamais à nos côtés pendant tout le reste de la vie. Une vérité que j'eue beaucoup de mal à concevoir.

L'enterrement eut lieu à Milly-La-Forêt en l'Église Notre-Dame de l'Assomption « Fondée au XIe siècle ancienne chapelle du château, elle fut reconstruite vers 1485 sur les ordres de l'amiral de Graville dans le style gothique des XIII et XIV siècles ». Après la cérémonie, il fut le premier à être inhumé dans le caveau familial.

Dès lors, ma grand-mère acheta une télévision pour combler sa solitude ; nous passions souvent la voir après le repas pour regarder les informations et un film car à la maison nous n'en avions pas.

Au cours de ces soirées, j'observais la pièce et je le revoyais encore. Il y avait toujours son fauteuil en bout de table. C'était sa place attitrée, celle du patriarche, où après chaque repas il roulait de ses gros doigts musclés son tabac gris. Devant lui, se dressait son café accompagné de son verre d'alcool fort qu'il versait dans sa tasse. A chaque fois tout était réglé comme un rituel. Nous attendions cet instant pour aller tremper notre morceau de sucre pour faire un canard. Il souriait en voyant la réaction sur notre visage quand le liquide nous piquait la langue et les papilles puis se délectait en regardant la grimace de mon frère qui détestait cette liqueur. Puis il se posait tranquillement pour commencer à parler, nous étions prêts à écouter une nouvelle histoire.

Mais maintenant depuis sa disparition, c'était une ambiance différente. Il y avait un maillon manquant dans la famille. Même le petit écran ne pouvait pas combler, la présence, la voix et la chaleur humaine du conteur.

# Chapitre IV

De 15 à 20 ans.

Une rencontre providentielle.

Apprentissage à la spiritualité.

Développement de l'intuition et de la création.

Deuxième rencontre avec la mort.

Découverte de l'ange gardien.

Messages de l'au-delà.

Je venais d'avoir quinze ans, la France était en pleine révolution. Les événements de mai 68 marquaient des changements décisifs sur l'avenir du pays.

La liberté d'expression, le retour à la nature, les nouvelles musiques, le mouvement hippie, allaient renverser et balayer ce pouvoir, enclin dans un militarisme obtus.

C'était d'une importance capitale, nous allions pouvoir enfin accéder à d'autres lectures, d'autres musiques, d'autres visions de la vie pour faire évoluer notre esprit. Le monde ouvrait ses portes vers un avenir plus éclectique.

Tous les jeudis, il y avait sur la grande place et sous les halles, un marché qui d'ailleurs existe toujours. Il attirait les gens du village et ceux des alentours, toute une foule de badauds allait et venait, on se serait cru dans une fourmilière.

Tout ce petit monde riait, parlait fort, marchandait. Les camelots vantaient leur étalage au son d'une musique étouffée d'un marchand de disques, mélangée aux cris des poules, canards, oies, dindons et divers animaux que les fermiers venaient vendre aux meilleurs offrants.

Les odeurs de barbe à papa, se mêlaient à celles des gaufres, beignets, pop-corn, crêpes, fruits, légumes, charcuteries, viandes, pains, fromages et poulets grillés.

J'adorais cette ambiance. Je passais la journée à me balader, fouiner, grignoter. C'était pour les écoliers à cette époque, la journée de repos hebdomadaire.

Ce jour-là, un nouveau marchand s'était installé : un bouquiniste, il vendait toutes sortes de livres d'occasion. Je me suis arrêté devant son étalage, et nous avons commencé à discuter, j'ai acheté quelques bandes dessinées, il m'expliquait que chaque semaine je pouvais ramener mes achats, il les reprenait et faisait un échange avec d'autres pour moins chers.

Ce troc faisait aussi la joie de mon frère aîné, étant très doué naturellement pour le dessin et la peinture. Il trouvait son inspiration au travers ces livres que je ramenais chaque semaine.

Il reproduisait, inventait. Il créait des portraits, des animaux et des paysages. Ce qui lui valu de remporter des prix au cours des expositions qu'il faisait.

Mes parents étaient fiers, leur fils avait un don. On parlait de lui dans le village et quelques commerçants faisaient quelquefois appel à lui pour décorer leur vitrine.

Au bout de quelques temps, mon bouquiniste voyait que j'étais un client fidèle, nous avons commencé à sympathiser. Il me proposa pour me faire un peu d'argent de poche, de l'aider à tenir son étal.

De plus je pourrais gratuitement emprunter tous les livres de mon choix. C'était pour moi une véritable aubaine. Le bouquiniste, y trouvait son compte il pouvait aller jouer à la belote au café et trinquer avec ses copains de table, tout l'après-midi.

Il parlait peu mais me faisait entièrement confiance. Il s'est instauré rapidement une certaine complicité entre nous. Il m'apprenait le travail : il fallait classer les livres par catégorie, par genre, bien faire attention aux prix et en même temps observer les clients, car le dos tourné quelques uns n'hésitaient pas à chaparder, ce n'était pas bien méchant mais il ne voulait pas non plus que son fond de commerce soit dépouillé.

Il y avait aussi, ceux qui étaient plus particuliers. Ils venaient chercher des revues très spéciales cachées dans un carton sous la caisse. Je me souviens d'un de ces messieurs, il avait des grosses lunettes rondes tellement épaisses que je me demandais comment il pouvait voir les photos, ou alors si c'était à force de les regarder qu'il en avait perdu la vue.

Je me suis dis que je n'avais pas rencontré cette personne par hasard, effectivement, il me fallait apprendre à connaître la marchandise pour vendre.

C'était un bonheur, la poule aux œufs d'or, je suis tombé sur des livres qui allaient m'aider à avancer et comprendre un peu plus cette partie spirituelle qui est en nous.

Khalil Gibran le prophète.

Allan Kardec le livre des esprits, le livre des médiums.

Robert Charroux Histoire inconnue des hommes depuis cent mille ans, le livre des secrets trahis.

Sir Arthur Conan Doyle le créateur de Sherlock Holmes, histoires et messages de l'au-delà.

Francis Mazière, île de pâques des yeux regardent les étoiles.

Jean Sendy, l'ère du verseau fin de l'illusion humaniste.

Nostradamus, les prophéties.

Il y avait là, de quoi aiguiser ma curiosité et m'aider sur mon chemin de vie, c'était une mine d'or.

Puis, je me suis intéressé aussi à la poésie.

Jean Cocteau, Victor Hugo, Charles Baudelaire, Paul Verlaine, Arthur Rimbaud, Louis Aragon, Jacques Prévert, Alfred de Vigny.

Cela m'a donné l'envie d'écrire. J'ai commencé mes premières poésies. C'était peut-être prédestiné puisque j'habitais le village où est la dernière demeure de Jean Cocteau.

Quelques semaines plus tard, je n'avais pas ramené les livres empruntés. J'ai proposé de les acheter. Il me dit : « Pas question, prends les, je te les offre cela me fait plaisir, si tu les gardes c'est que tu dois en avoir grand besoin ».

J'étais aux anges. Je l'ai remercié cent fois, pour ce cadeau extraordinaire qu'il me faisait.

Les mois passaient, puis un jour il n'est plus venu, j'ai cherché à savoir ce qu'il était devenu allant poser des questions auprès de ses copains de belote, et les camelots voisins. Personne n'a pu me dire ce qu'il était devenu.

On ne le voyait que le jeudi au marché. Personne ne connaissait cet homme, comme s'il était venu de nul-part. Je suis resté sans réponse. Je ne l'ai plus jamais revu de ma vie.

Sentiments étranges, sans aucun doute. J'avais croisé ce personnage sur la route de mon destin à un moment précis de mon existence, où je devais trouver certaines réponses pour mon avenir. Et c'est lui qui me les apportait au travers de ses livres qu'il vendait bon marché. Peut-être était-ce à sa façon un roi mage réincarné.

Dans notre existence les rencontres sont-elles déjà programmées ? Sommes-nous liés dans l'infini cosmos ? Aurions-nous une télépathie universelle ? Celle qui nous permettrait d'être là au moment présent pour aider l'autre.

Et cette impression qui nous arrive quelquefois, de voir des gens pour la première fois et d'avoir ce sentiment de déjà les connaître depuis toujours.

Font-ils partie intégrante de nos vies antérieures ?

Aussi, lorsque nous pensons à une personne que nous n'avons pas vue depuis longtemps et que peu de temps après nous la croisons.

Il est certain qu'il n'y a pas de hasard, à chaque réincarnation nous côtoyons régulièrement d'anciennes connaissances pour bien mener à terme le grand voyage de nos vies.

Mon adolescence était à son apogée : je découvrais les premières copines, premières cigarettes, premières sorties dans les bals. Je laissais derrière moi cette enfance protégée pour découvrir des sentiments nouveaux et des relations différentes.

Un jour, mon père descendit du grenier une guitare classique. Quelle ne fut pas ma surprise d'apprendre qu'il avait été chanteur et musicien dans sa jeunesse. Il m'enseigna les accords de base et je pu commencer à jouer de cet instrument de musique. Les débuts étaient difficiles mais avec persévérance les sons devenaient audibles et j'ai pu faire des reprises de chansons.

A cette époque mon frère faisait des études d'électronique par correspondance pour devenir ingénieur et il avait beaucoup de matériel à la maison.

Il construisit un petit ampli à lampes et confectionna un micro que l'on posa sur la table d'harmonie, le son n'était pas terrible mais pour nous c'était déjà extraordinaire. On s'imaginait en plein concert sous la chaleur des projecteurs.

Puis au cours d'une soirée, j'ai rencontré deux cousins, ils vivaient à Paris et leurs parents avaient une maison de campagne dans le village.

Nous sommes devenus amis et nous avons commencé à jouer ensemble.

On se retrouvait régulièrement les week-ends dans un lavoir, près de la maison de Jean Cocteau et du château féodal de la bonde.
« Château du XIIIe siècle agrandi vers 1475 par l'Amiral de Graville ». Cet endroit avait une résonance particulière qui amplifiait le son de nos guitares et de nos voix. C'était notre salle de répétition pour exprimer notre musique, de plus la rivière qui s'y écoule se nomme « L'école », finalement un nom idéal pour apprendre et progresser.

Nous composions nos propres morceaux, nous étions dans le domaine de la création. Quelquefois des passants nous jetaient des pièces de monnaie. C'était très encourageant. Cela nous donnait du cœur à l'ouvrage pour continuer. Ce fut une période enrichissante pour mon avenir.

Je venais d'avoir dix sept ans. Je mesurais un bon mètre quatre-vingt ce qui me donnait déjà un physique d'adulte, prêt à aborder l'aube de mon nouveau chemin.

J'allais rejoindre trois amis. L'un d'eux plus âgé avait le permis de conduire et nous devions ce jour-là partir en voiture pour retrouver des copines dans un village voisin.

Le plus jeune, qui n'avait que seize ans, demanda à être le chauffeur. Il était fils unique capricieux. Comme son père lui apprenait à conduire il se voyait déjà l'as du volant. A force d'insister il eut gain de cause.

Il s'assit sur le siège avant tout fier de pouvoir conduire ce bolide comme un grand : « C'était une dauphine rouge toujours bien brillante et lustrée, un peu de frime pour attirer le regard des filles ».

Je ne voyais pas cela d'un bon œil. Je ne me sentais pas rassuré avec ce jeune conducteur en herbe et mon intuition me mit en garde de ne pas partir avec eux. Comme si je recevais un message d'alerte, je suis donc resté.

Bien sûr j'eus droit à quelques mots doux des copains, avec des coups de klaxon. Puis ils démarrèrent sur les chapeaux de roue en prenant la route. Je les regardais s'éloigner avec une certaine appréhension. Puis, en même temps je me posais des questions. Est-ce que j'avais fait le bon choix ? Ils allaient sans doute bien s'amuser toute la journée avec les filles ? Et moi je restais seul tout penaud. Mais malgré tout, je pensais à cette force intuitive qui m'avait empêché de partir.

Pourquoi ? Il devait bien y avoir une raison ? Je le sus malheureusement très vite.

Plus tard de retour à la maison, j'appris la terrible nouvelle, ils roulaient trop vite, ils avaient perdu le contrôle du véhicule dans un virage et la voiture avait fini sa course folle dans un arbre. Le conducteur a été tué sur le coup, les deux passagers grièvement blessés et celui qui avait le permis, se retrouvait handicapé de la jambe droite à vie.

Lors de l'enterrement de mon camarade, je regardais toute cette famille en pleurs dans cette souffrance terrible que le ciel leur infligeait. Pourquoi ? La perte d'un enfant l'épreuve la plus horrible qui puisse arriver à des parents. Il était encore tellement jeune, commençant juste à profiter de la vie. De plus, c'était leur fils unique ; ils n'avaient pas pu avoir d'autre enfant.

Un destin tragique qui les frappait jusqu'au plus profond de leur âme, un lourd tribut à payer. Avaient-ils fait un choix ? avant d'êtres incarnés dans cette vie ? Devaient-ils réparer dans cette existence des erreurs faites dans des vies antérieures ?

Après ce triste jour, je me rendais compte dans cette nouvelle expérience qui s'était profilée avec tellement de clarté, qu'il existait des perceptions mentales encore inconnues. Cela ressemblait à une forme de télépathie, comme si l'on m'avait parlé dans ma tête. Cette phrase était si limpide dans son contexte, « Mais d'où venait-elle ». Il est certain que cet avertissement m'avait sauvé la vie.

Existe-t-il une puissance supérieure, qui serait en quelque sorte un messager nous apportant certaines directives à prendre et pourrait prévoir l'avenir ? Nul doute à ce sujet, ces mots que j'avais entendus venaient vraiment de l'au-delà. Cela ne me semblait pas possible autrement. Je n'avais pas pu les inventer, ils n'étaient pas le fruit de mon imagination, un être d'une autre dimension me les avait dictés. Je les avais réellement bien perçus et ils m'ont guidé dans la bonne direction pour m'éviter un drame.

L'invisible est en permanence autour de nous, il fait partie intégrante de notre vie, le corps et l'esprit sont liés dans le réel et l'irréel, à nous de prendre conscience de ces deux états, naturel et surnaturel.

Mais en même temps dans certains cas, nous devons faire très attention et bien réfléchir aux actes qui doivent être accomplis, car dans ces deux mondes, il existe du bon et du mauvais.

Depuis ces instants, j'ai acquis la certitude que nous avons tous notre ange gardien, il est avec nous en permanence et nous protège de certains dangers en nous faisant parvenir des messages à travers notre esprit.

A nous de bien regarder, écouter, ressentir les événements que nous vivons à chaque instant dans nos réactions et notre entourage, de manière à pouvoir bien décrypter ces messages. Nous devons définir toutes ces sensations qui fusent autour de nous et celles qui parviennent à nos pensées, afin de prendre les bonnes décisions.

Il nous accompagne dans chacune de nos vies, nous aide à canaliser notre énergie pour nous guider vers le meilleur.

Quelquefois il nous arrive de prendre un chemin parsemé d'embûches comme si on nous empêchait de pouvoir réussir notre projet.

On perçoit négativement cette situation en se disant : « Je n'ai pas de chance pourquoi cela m'arrive t-il ? » Qu'ai-je fait ? Qui m'en veut ?

Puis à force d'insistance on le réalise et finalement après réflexion, on voit que la réussite attendue n'est pas celle que l'on supposait au départ, malgré avoir dépensé un énorme potentiel d'énergie pour arriver à ce résultat. Mais c'était notre choix, notre libre arbitre, nous devions en passer par là pour comprendre les erreurs commises et avancer.

Si au contraire on se pose plus à l'écoute de ces messages paraissant négatifs, en les analysant avec plus de précision, on s'aperçoit qu'ils deviennent positifs, se rendant compte que le choix que nous avons fait n'est pas le bon et qu'il faut prendre une autre direction. Le négatif que nous vivons est là pour nous éviter ces déboires et nous emmener à prendre une autre route vers le positif.

Des situations auxquelles j'ai été confronté plusieurs fois au cours de mon existence, n'ayant pas toujours fait les bons choix pour parvenir à mes réelles réalisations.

Mais au bout de plusieurs désillusions et déboires, on finit par s'endurcir et aborder une certaine maturité pour se battre et croire toujours en l'avenir. Ne jamais baisser les bras devant les obstacles et surmonter les épreuves qui se présentent à nous pour gravir le chemin qui nous est tracé afin de nous améliorer et évoluer spirituellement. Je l'ai appris à mes dépends dans la suite de ma vie.

J'étais en dernière année au lycée technique d'Uruguay France à Avon, il faut dire que les études générales n'avaient pas été mon fort. C'est à cette période de ma vie que j'ai rencontré la personne qui allait devenir ma future épouse. J'eus mon CAP de comptabilité vente avec brio, ce qui avait rassuré mes parents qui s'inquiétaient pour mon avenir, sachant que j'étais un élève pas très assidu et un peu perturbateur.

Puis vint l'appel sous les drapeaux, dans la marine nationale. Les classes se sont passées à Brest comme cuisinier. Ensuite, direction le sud, j'ai été affecté sur la base aéronavale de Nîmes Garon. Cet endroit était loin de me déplaire, il y avait le soleil, les cigales et la chaleur du midi.

De plus j'avais été placé comme bureaucrate avec des horaires à faire rêver un militaire, huit heures trente le matin, une coupure pour le repas de midi, d'une heure et demie, puis fin de la journée dix-sept heures. Je n'allais pas m'en plaindre, c'était royal. En plus sur la base, il y avait une piscine, une salle de musique, une salle de cinéma, un bar avec billards et jeux électroniques, le club Med quoi !

Il y avait une navette d'autocars qui nous emmenait en ville et venait nous rechercher. Le bus de sept heures du matin ramenait les derniers fêtards.

C'était génial, cela nous permettait avec des camarades de passer toutes nos soirées et même pas mal de nuits en ville pour faire la fête. Nous devions juste être présents pour le lever des couleurs à huit heures. Je dirai même à en faire rager quelques-uns, cela ressemblait plus à une colonie de vacances qu'à un service militaire.

Il m'arrivait pour les permissions de revenir en train, quelquefois en avion, mais le plus souvent c'était en stop en tenue de marin.

Les gens s'arrêtaient facilement. Je me positionnais juste avant la bretelle d'autoroute, un point stratégique qui fonctionnait très bien et généralement je ne restais pas très longtemps sur le bord de la route.

Un jour je n'avais pas encore tendu mon pouce, qu'une voiture me klaxonna et s'arrêta à ma hauteur. Le chauffeur me dit : « Hé le militaire, tu vas à Paris ? Viens, monte, tu vas voir on va être à la capitale en moins de temps qu'il en faut pour le dire ».

Ce personnage m'avait l'air un peu fanfaron avec sa musique à fond « C'était une voiture de sport rouge une Triumph décapotable ». J'eus d'un seul coup un flash, une mauvaise intuition. Des souvenirs revenaient dans ma tête, la couleur du véhicule, le conducteur trop excité. Cela allait très vite dans mon cerveau, une situation similaire s'était produite quelques temps auparavant, j'avais l'impression de revivre ces instants d'une façon différente, mais je les revivais.

Je lui dis un peu ébahi « Non merci, j'attends quelqu'un », c'est la seule phrase qui est venue à mon esprit à cet instant.

Il me dit d'un ton ironique : « Bon hé bien tant pis pour toi mon grand, tu ne sais pas ce que tu perds » Puis il partit à vive allure en faisant crisser les pneus. Je me suis assis un long moment la tête entre les mains, les coudes posés sur mon sac de marin pour réfléchir. Une porte de ma mémoire s'ouvrait pour faire resurgir une action du passé ou l'avait-on ouverte pour me faire réagir ?

Quelques temps après je me remis à faire du stop. Une Citroën DS 21 Pallas s'arrêta, le conducteur était très posé déjà d'un certain âge. Il m'invita à monter. C'était le palace à l'intérieur. On se serait cru dans un canapé, un confort d'une grande classe pour aller jusqu'à la capitale.

Nous roulions depuis un bon moment quand un ralentissement avait créé un bouchon, au loin des lumières clignotantes, police, pompiers, ambulance, un accident s'était produit. Soudain j'ai senti des frissons parcourir tout mon corps. J'avais froid, je tremblais, une appréhension bizarre m'envahissait comme si je savais déjà ce qui s'était passé. « J'attendais ». Lorsque nous sommes arrivés à proximité de l'accident j'avais ma réponse, c'était bien mon fanfaron de tout à l'heure.

Sa voiture était disloquée contre la rambarde de sécurité sur la troisième file de l'autoroute. Je me suis dit : « Le pauvre ! pourvut qu'il ne soit pas mort ». J'ai gardé cet espoir pour lui comme une prière.

Mon conducteur me dit : « Hé mon garçon, tu n'as pas l'air bien, tu es tout pâle ! » je lui répondis, « Ça va, c'est seulement que je n'aime pas voir ce genre de situation » et il rétorque «Tu vois où cela mène de vouloir faire le malin ».

Il avait sans doute raison, mais mes pensées étaient totalement ailleurs. Je me disais que tout peut basculer très vite si l'on ne prête pas suffisamment d'attention à la valeur de la vie et de nos actes, que les inconscients doublent les risques d'avoir un destin tragique.

Je me remémorais ces deux circonstances, cela s'était passé à des périodes différentes mais elles étaient complètement similaires dans leurs contextes.

Je devais tenir compte des bases réelles pour bien en définir leurs contenus. Les facteurs de risques qui apparaissaient a travers ces images étaient très clairs.

D'une part, la couleur du véhicule et d'autre part, le chauffeur trop excité, je retombais dans le même accident que j'avais évité précédemment.

Mais cette fois-ci je ne m'étais posé aucune question, j'avais déjà la réponse dans ma mémoire, il a suffit que le tiroir d'un acte passé s'ouvre pour me sauver la vie.

Un être protecteur est-il là en permanence pour faire réagir notre intuition ?

Ou bien, est-ce le fait que nous emmagasinons des milliers d'informations dans notre cerveau au cours de notre existence, puis qu'à un moment donné l'une d'entre elle nous serve à comprendre immédiatement un événement ou un fait précis ?

Il est certain qu'il n'y a pas de hasard. La vraie réalité « C'est la dualité », la coexistence de nos deux éléments de natures différentes, le corps et l'esprit, qui nous permet d'être, de réfléchir et de devenir.

En tous les cas, en ce qui me concerne et vu mes croyances en l'autre monde, une fois de plus j'aurai pu me retrouver peut-être blessé ou mort si je n'avais pas fait attention au message reçu.

C'était là encore pour moi, de nouveau une preuve flagrante qu'il existe un ailleurs qui nous aide sur notre chemin de vie.

La quille arrivait, la fin du service militaire ou plutôt je dirai en ce qui me concerne la fin d'une période de vacances. Je devais retrouver la vie civile.

De retour à la maison familiale, il fallait que je trouve du travail, je faisais des petits boulots à droite à gauche rien de bien sérieux. Sans voiture pas facile, alors mes parents m'ont offert le permis de conduire.

Je n'étais pas très doué pour apprendre. Pas de doute, cela était dû aux expériences précédentes qui m'avaient profondément marqué. J'avais une certaine hantise d'être dans un véhicule, finalement à force de persévérance, je l'obtins au bout de trois fois.

J'avais retrouvé mes parents, mon village et mes amis. Le temps de mon absence leur avait semblé très long, même interminable, surtout à ma mère qui avait beaucoup de mal à admettre que l'on avait grandi.

Mon frère avait déjà quitté le cocon familial et voir le dernier oiseau sortir du nid était pour elle encore plus difficile à supporter.

Moi au contraire, j'avais apprécié ce changement d'air, ce souffle de liberté. Le fait aussi d'avoir visité une autre région où les paysages étaient différents, la rencontre avec d'autres gens, de découvrir leurs coutumes, leur façon de vivre. Et puis il y avait le soleil du midi toute cette ambiance estivale que je ne connaissais pas avant. J'avais l'impression d'être en congés tous les jours.

Et aussi la rencontre de nouveaux copains à l'armée avec lesquels j'avais fait de supers virées en ville et au bord de la mer. De bons souvenirs étaient ancrés dans ma mémoire.

J'avais vécu, pendant cette année passée sous les drapeaux, dans un autre univers. Une autre vie s'ouvrait vers un nouveau chemin où je me retrouvais avec une hotte remplie d'anecdotes à raconter à mon entourage.

## Chapitre V

De 21 à 28 ans.

Nouveau cycle de vie.

Communication avec l'au-delà.

Nouveau rêve prémonitoire.

Troisième  rencontre avec la mort.
.
Phénomènes paranormaux.

Autre expérience avec le temps.

Puis vinrent mes fiançailles dans les règles de l'art. Nos familles allaient faire connaissance pour la première fois. Il y avait toujours ces moments angoissants de savoir si tout le monde pourrait bien s'entendre.

Les présentations faites, le courant était passé et la bonne humeur s'installa rapidement. Mes futurs Beaux-parents étant issus également d'un milieu ouvrier, c'était un avantage pour favoriser le contact. On se retrouvait tous sur la même longueur d'onde dans une ambiance conviviale. Puis les discutions se portèrent sur les noces à venir, le nombre d'invités de chaque côté, la date du mariage, le choix du restaurant etc... Pendant que nos parents s'affairaient sur les préparatifs, ma fiancée et moi parlions de nos projets : construire une famille, avoir des enfants, une maison pour vivre dans l'amour et la joie.

C'était un beau jour d'été, le 29 Juin 1974, la cérémonie religieuse eut lieu en l'église Saint-Pierre à Avon. Je venais d'avoir 21 ans et je quittais définitivement la maison de mon enfance pour commencer un nouveau cycle de vie. Mes parents étaient émus à l'idée de se retrouver seuls, mon frère étant déjà marié et installé dans sa nouvelle vie.

De leur côté mes parents avaient acheté un terrain pour construire une maison de plein pied car les deux étages de la précédente fatiguaient énormément ma mère. Ils voulaient préparer leur nouvel avenir dans de meilleures conditions.

Cela faisait beaucoup de changements en même temps, nous nous retrouvions chacun dans une nouvelle existence. Le temps se préparait vers un nouveau chemin de vie, vers l'incertitude ou la certitude de nos engagements. Quoi qu'il en soit, le destin était tracé dans nos décisions prises et ce que nous devions réaliser pour nous apporter le meilleur bonheur possible.

Avec mon épouse, nous habitions un petit appartement à Avon. Sa famille, sachant que nous n'avions pas de moyen de transport, nous avait offert une voiture d'occasion en cadeau de mariage, « Une dauphine rouge ». C'était vraiment un geste très gentil de leur part, un beau présent. Je les ai remerciés avec un mal-être dissimulé. Je n'avais pas spécialement apprécié, vu mes antécédents concernant ce genre de véhicule. Bien sûr personne ne connaissait mes expériences passées, pas même encore ma compagne qui partageait ma vie.

Alors, je me suis dis : « Décidément le destin me poursuit ». J'étais très mal à l'aise pour conduire ce véhicule, trop de peur et d'angoisse dues aux mauvais souvenirs. D'ailleurs ce fut un signe. Elle tombait sans arrêt en panne. Finalement, on s'en est débarrassé très vite, quel soulagement !

Ma femme était la plus jeune d'une très grande famille de sept frères et sœurs. Un jour, une de mes belles sœurs, maman d'une petite fille, me demanda d'en être le parrain, j'ai accepté avec joie.

Plus cette fillette grandissait plus elle devenait perturbatrice, ce qui ne faisait pas toujours la joie de ses parents.

Une gamine adorable avec un visage d'ange et un caractère autoritaire, pas toujours facile à gérer, mais elle me fascinait dans sa façon d'agir. Un vrai petit personnage avec une vivacité débordante d'énergie.

Elle était tellement extraordinaire et décisive dans sa façon d'être. Je l'aimais à un tel point que j'étais persuadé que mon premier enfant serait une fille à son image.

Le temps passant, nous avions changé de location car nous envisagions d'avoir un enfant. L'attente était longue mais ce jour arriva enfin. Notre fille était née et quelle fut ma surprise ! Comme par enchantement c'était le portrait craché de ma nièce, la ressemblance physique était frappante, mon vœux était exaucé on aurait dit deux sœurs jumelles avec une différence d'âge évidement.

Un autre phénomène surprenant venait de se produire, une autre page de mon destin s'ouvrait, que je devais comprendre. Le ciel avait répondu à ma demande bien sûr une fois de plus je n'en ai pas parlé, on m'aurait pris pour un illuminé. On m'aurait dit que cela était génétique puisque ce sont deux sœurs qui ont accouché, mais moi de mon côté je n'avais aucun lien de parenté avec mon beau frère sauf le fait de l'être par alliance.

Alors existe-t-il sur les écrits du parchemin des situations qui sont déjà programmées ? Les âmes choisissent-elles d'avance un endroit précis avant leur incarnation où elles vont évoluer pour se retrouver ? Existe-il une génétique spirituelle qui nous apporte cette ressemblance corporelle ?

Nous avons dans notre mémoire spirituelle cette richesse de trouver le vrai bonheur à travers nos actes bénéfiques, ceux que nous avons partagés avec des êtres chers dans des vies précédentes. Ces instants restent gravés à tout jamais dans la chaîne de notre évolution. C'est la partie intégrante de nos bagages pour continuer ce voyage dans notre futur et accéder à une union commune.

Je pense, que si nous croyons à nos désirs les plus forts qui nous éclairent jusqu'au plus profond de notre cœur et de notre âme, si nous gardons toujours pour but cette puissance d'amour et de lumière qui nous incombe, le plus beau cadeau de la vie que l'on peut donner ou nous offrir, ce sont les moyens de nous réaliser.

Deux ans plus tard nous décidions d'acquérir un terrain à Samoreau pour édifier une maison. Beaucoup de difficultés se dressaient devant ce projet : obtention des prêts, du permis de construire etc... Puis à force de démarches et de persévérance il y eut un aboutissement. C'était un terrain en partie boisé mais envahi par des ronces et des friches. Mon père venait souvent nous aider à débroussailler, c'était un travail de longue haleine et l'on prenait souvent des photos pour voir l'avancement des travaux.

Un jour avec mon père, nous étions tous les deux en train de bêcher, pour placer des piquets qui allaient servir à délimiter l'emplacement de la maison. Puis au développement de cette pellicule, il se produisit un fait étrange. J'avais bien le mouvement en train de travailler mais l'outil n'existait plus sur la photo. Tout d'abord j'ai cru à un défaut, mais impossible tout l'ensemble était net, cela semblait insensé, juste la bêche avait disparu. Il y avait sûrement une nouvelle fois un message à travers une image avec une signification particulière que je devais découvrir. Peut être ne devions nous pas creuser à cet endroit ni construire ici ? Ce terrain était-il un bon choix pour notre avenir ?

Ce chemin serait-il parsemé d'embûches ? Ou malgré tout état de cause pourrions-nous réaliser notre projet ? Quoi qu'il en soit, il fallait continuer pour savoir, je n'avais pas d'intuition particulière mais simplement des doutes.

Nous étions tellement engagés dans cet investissement moral et financier que seule la réussite était le plus important à nos yeux. Après plusieurs déboires, nous avions les clés en main, c'était le principal.

Enfin nous pouvions emménager. En peu de temps les malfaçons faisaient leur apparition. Les de plaques de plâtre des plafonds se décrochaient, les linos des sols se décollaient, la peinture de la façade se déchirait, le tout-à-l'égout refoulait, etc...

Tout cela nous valut beaucoup de démarches houleuses avec le constructeur. Je pensais alors que les doutes que j'avais pressentis à travers cette photo, en quelque sorte, se confirmaient.

De leur côté mes parents m'annonçaient qu'ils allaient emménager dans leur nouvelle résidence, après également de nombreuses péripéties et plusieurs années de déboires. J'étais heureux que leur réalisation aboutisse enfin.

Peu de temps après je fis un rêve étrange. Je me trouvais sur la route qui menait au stade « La rue de l'Hermite » où se dressait leur future demeure. Ma mère et moi regardions la maison où ils allaient vivre.

Mon père n'était pas là et mon frère semblait très loin derrière nous sur ce chemin, il était parti déjà depuis longtemps dans le sud.

C'était le crépuscule, il existait à l'entrée du terrain encore cette vieille grille disloquée et rouillée avec sa chaîne et son cadenas dans le même état. Juste un semblant de prévention pour dissuader les gens d'entrer. Le pavillon était dressé prêt à recevoir ses habitants. Nous étions dans une semi obscurité, on distinguait à peine tout cet ensemble éclairé simplement par le lampadaire de la rue.

Ma mère me tenait le bras sans parler, elle avait seulement un sourire de satisfaction qui illuminait son visage. Je ressentais chez elle ce soulagement qu'elle attendait depuis longtemps, avoir un jardin et ne plus subir ces étages pénibles qu'elle devait assumer chaque jour.

Soudain une lumière fulgurante d'une intensité éblouissante nous éclaira, elle était d'une blancheur immaculée avec des couleurs d'arc-en-ciel, nous pouvions voir le terrain et la maison comme en plein jour. Nous levâmes les yeux au ciel et nous vîmes une apparition en hauteur sur notre droite, c'était extraordinaire la luminosité devenait plus douce et plus fluide, sous notre regard ébahi venait se présenter à nous un miracle, « La Sainte Vierge avec un Ange au dessus d'elle ».

Elle était comme en lévitation avec les mains jointes en prière, les yeux fixés vers nous, son visage était paisible empli d'une profonde sérénité, elle était habillée d'un voile blanc qui descendait jusqu'à ses pieds, sur son bras droit plié pendait un long chapelet de bois avec, à son extrémité, une croix. Tout autour d'elle brillait une aura lumineuse, elle se diffusait en forme ovale avec une vibration silencieuse qui semblait la protéger.

Je me suis réveillé intrigué par cette nouvelle vision que je venais d'avoir dans mes songes.

Dès le lendemain matin, je téléphonais à ma mère, j'étais empressé de lui raconter mon histoire, j'avais à peine commencé qu'elle me dit : « J'ai fait le même rêve ». C'était à peine croyable. Au cours de la conversation on se remémorait chaque instant avec une telle précision époustouflante de tous les détails si infimes soient-ils.

C'était comme un film qui défilait devant nos yeux. On pouvait le décrire à la perfection. Nous avions fait le même voyage cette nuit là.

C'était un phénomène encore différent des précédents. La possibilité aux âmes de communiquer à distance par la pensée, de pouvoir se projeter dans un lieu, observer les mêmes images et ressentir ensemble ces émotions. Cela paraissait irréaliste et pourtant nous en avions maintenant tous deux, la preuve irréfutable.

Quel pouvait bien être le message de cette apparition ?

Était-ce encore une prémonition, une projection dans l'avenir ? Ou bien une protection ?

Le ciel nous avait parlé à tous les deux et nous avait réunis précisément à cet endroit, « Mais pour nous dire quoi ? » « Nous montrer quoi ? » C'est ce que nous devions découvrir. J'étais perturbé par cette manifestation. Je devais élucider ce mystère. Je voulais avoir l'avis de ma mère et son ressenti, nous avions eu une longue conversation à ce sujet. Pour elle, c'était la « Sainte Vierge Marie » qui était venue nous chercher pour nous réunir devant sa future maison, nous montrer que ses vœux avaient été exaucés et qu'un meilleur avenir se profilait à l'horizon.

Je savais qu'elle y croyait fermement. Elle avait une statue de la « Sainte Vierge » en permanence sur la table de chevet de sa chambre et chaque soir elle lui évoquait une prière avant de s'endormir.

Je me sentais angoissé, je voulais plus d'éclaircissements en demandant à ma mère.
« Pourquoi mon frère était-il là aussi, plus éloigné peut-être, mais présent ? » « Pourquoi mon père n'était-il pas avec nous ? » « Pourquoi moi et pas lui ? » Cela me semblait illogique puisque c'était sa maison à lui aussi et pas la mienne.

Elle me dit « Ne t'inquiètes pas, tu te poses trop de questions, ton père n'était peut-être pas prêt à venir cette nuit là. Pour moi tu vois c'est simple, elle est venue bénir notre maison et nous apporter la protection ». Cela me rassura un peu au vu de ses croyances religieuses, mais en restant tout de même, un peu sceptique, je n'avais pas ressenti de bonnes ondes lors de ce présage.

Dans cette expérience « Pourquoi avions nous eu ce jour cette télépathie ? »

Pourquoi mon corps astral était-il parti rejoindre celui de ma mère afin de nous retrouver ensemble dans une autre dimension ? Pour quelles raisons ? La réponse à mes questions arriva malheureusement très vite.

Un an plus tard, un nouveau venu dans la famille, nous venions d'avoir un garçon aux yeux gris bleus comme ceux de mon père. Je voulais que notre deuxième enfant soit de sexe masculin et une nouvelle fois mon vœu avait été exaucé.

Notre fils venait d'avoir trois semaines et mes parents devaient venir déjeuner à la maison le samedi. Finalement le destin en avait décidé autrement. Le vendredi, ils devaient déposer un chien perdu à la SPA, ils en ont profité pour passer nous voir et de ce fait, ils sont restés pour le dîner. Au cours du repas je trouvais mon père fatigué, il est vrai que la nouvelle résidence leur donnait beaucoup de travail.

A la fin de la soirée il insista pour voir son petit fils et lui dire au revoir, malgré que celui-ci dorme déjà profondément. Je les regardais partir avec une certaine appréhension.

Ils avaient de la route à faire mais un peu plus tard leur coup de fil me rassura, ils étaient bien arrivés.

Le samedi matin vers neuf heures, ma mère affolée en pleurs me téléphona, elle hurlait et prise de panique, réussit à me dire : « Ton père est tombé en ouvrant la porte-fenêtre du salon, il ne bouge plus ».

Cette nouvelle fut pour moi un coup de massue, je me suis dit : « Ce n'est pas possible il est trop jeune pour mourir il n'a que cinquante huit ans ».

Je pris ma voiture en catastrophe, arrivé sur place je l'ai vu inanimé sur le carrelage je me suis agenouillé vers lui, son cœur ne battait plus, pas de respiration, plus de pouls, j'ai appelé le médecin en urgence puis je l'ai pris dans mes bras pour le remettre dans son lit. « Peut-être y avait-il encore un espoir ? ».

Le médecin arriva, son diagnostic tomba comme un coup de couperet : « Décédé d'une crise cardiaque ». Mon sang ne fit qu'un tour, j'avais tellement mal que je n'arrivais même pas à pleurer, j'avais la gorge et l'estomac noués je ne voulais pas y croire, j'étais paralysé.

C'était impossible ! Pas lui, pas maintenant, c'était trop tôt nous avions encore tant à partager. C'était la troisième fois dans mon existence que je voyais un mort et cette fois-ci c'était celui qui m'avait donné la vie.

De retour au salon je regardais l'endroit de sa chute, c'était juste en face du portail d'entrée, très précisément où avec ma mère nous avions vu l'apparition dans notre rêve. Le message était très clair maintenant. Dans notre songe prémonitoire, le ciel était venu nous prévenir de ce qui allait arriver dans un proche avenir et que mes parents n'auraient jamais dû construire sur ce terrain.

Je réalisais maintenant que ce rêve avait été un message d'alerte et de protection, mais qu'il était trop tard. C'est pour cela qu'un an plus tôt lors de la conversation avec ma mère concernant cette apparition, je ne ressentais pas une bonne intuition et que j'étais sceptique et inquiet.

Nous aurions dû approfondir beaucoup plus cet événement pour bien en comprendre le véritable sens.

Car il est vrai qu'ils avaient eu beaucoup de déboires. Pendant plusieurs années ils avaient dû se battre avant d'arriver à la réalisation. Il est survenu des événements négatifs en permanence, problème de permis de construire, de prêt, la faillite de deux entreprises de maçonnerie avec lesquels ils se sont retrouvés en justice, car les travaux qui étaient payés n'avait pas été faits.

Cela leur avait coûté beaucoup d'énergie et d'argent. C'est comme si on les avait empêchés de poursuivre ce projet et que ce chemin n'était pas bon pour eux. D'ailleurs à un moment donné, ils étaient tellement fatigués par tous ces tracas, qu'ils voulaient vendre le terrain avec la maison à moitié finie, ce qu'ils auraient finalement dû faire.

Je me remémorais aussi d'autres phénomènes qui étaient survenus auparavant chez les voisins. Sur ce terrain en forme de triangle, il y a quatre maisons dont celle de mes parents.

A l'arrière de l'habitation de mes parents, des amis d'enfance avaient construit quelques temps avant eux, leur nouvelle résidence. C'était des personnes tout à fait normales sans problème particulier. Ils étaient parents de quatre enfants, leur progéniture avait déjà quitté le nid de leur enfance, pour se marier et fonder une famille.
Ils avaient donc décidé d'avoir une petite maison pour finir leurs vieux jours tranquillement.

Mais au fur et à mesure du temps, le mari semblait perdre la tête, il devenait hystérique hurlant à tout va sur sa femme en disant qu'il voulait la tuer et dans le jardin auprès du voisinage.

Il brandissait des objets à la main comme s'il voulait frapper tout le monde, alors qu'avant c'était un homme posé, qui jouait même de l'harmonica. Puis à force de crises répétitives, il avait complètement perdu la raison et s'est retrouvé à finir sa vie dans un hôpital psychiatrique.

Sur le côté droit, vivait une femme seule. C'était une ancienne professeur de français avec laquelle j'avais pris souvent des cours du soir. Une dame très gentille qui prenait le temps d'expliquer pour combler mes lacunes dans ce domaine. A la retraite elle décida d'acheter cette maison, mais un jour sa cuisine prit feu et elle fut brûlée vive. Lorsque les pompiers sont arrivés sur les lieux, il était trop tard pour la sauver. La maison a été rénovée, car cette dame avait un neveu, seul héritier. Il y avait eu juste deux pièces touchées par l'incendie. Elle fut revendue à un couple d'agriculteurs retraités.

Quelques temps après, la nouvelle propriétaire fit une chute dans l'escalier de béton qui donnait sur le jardin, col du fémur cassé et traumatisme crânien. On la transporta à l'hôpital le plus proche où elle mourut quelques jours après. Dans l'année qui suivit son mari décéda à son tour, d'une crise cardiaque.

A la pointe du triangle, un couple de médecins s'était installé et avait construit une charmante petite demeure, qui leur servait aussi de cabinet médical. Tout allait bien jusqu'au jour où de nouveau le malheur frappa. La femme découvrit son mari pendu dans le garage.

Je suis sorti fumer une cigarette sur la terrasse pour réfléchir et observer ce terrain triangulaire en pensant, il y a trop de malheurs, trop de gens décédés ici. Cet endroit est sûrement possédé par des forces maléfiques, car trop de faits étranges et répétitifs se produisaient sur cette parcelle de terre. En ce qui me concerne, je ne pouvais plus considérer ces événements comme des coïncidences. De plus je ne me sentais jamais à l'aise dans la maison de mes parents à chaque fois que j'allais les voir, je ressentais un mal être inexplicable avec cette impression d'avoir toujours des présences négatives autour de nous.

J'étais certain, qu'il existait des esprits diaboliques qui se manifestent dans des maisons, des endroits où ils ont vécu le mal. Une malédiction les poursuit jusque dans leur mort et de ce fait, ils n'arrivent pas à se détacher de cet état d'âme pour évoluer vers la lumière. C'est pour cela qu'ils viennent hanter les êtres humains pour essayer de soulager leur propre souffrance et les plus faibles d'entre nous succombent à leurs maléfices.

Ce jour le 19 Juin 1982 fut un des plus sombre de ma vie, de plus c'était la veille de mon anniversaire que nous devions fêter le lendemain.

Les obsèques eurent lieu à Milly-La-Forêt en l'Église Notre-Dame de l'Assomption, après la cérémonie il fut inhumé dans le caveau familial auprès de son père. Une fois la mise en terre terminée, je m'apprêtais à quitter cimetière, lorsqu'en passant dans une allée mon regard fut attiré par une tombe, elle portait notre nom. Curieusement je me suis approché pour lire la plaque sur la pierre tombale : « Un bébé de quatre mois décédé en 1944 et sa mère en 1948». Elle avait été la première épouse de mon père et ils avaient eu un enfant. Un secret bien gardé qui n'avait jamais été évoqué dans la famille.

Je n'en ai pas parlé à ma mère considérant que le moment n'était pas bien choisi, j'étais plutôt inquiet pour son avenir, elle devait vivre maintenant dans cette grande maison toute seule, avec la crainte que d'autres événements surviennent dans cet endroit qui semblait si maudit. Elles n'étaient plus que trois femmes à vivre dans ces lieux, l'épouse du médecin à la pointe, son amie d'enfance à l'arrière et ma mère. La petite maison sur le côté demeurait vide depuis les derniers accidents.

La famille des agriculteurs n'avait toujours pas trouvé de nouvel acquéreur. Je me rendais compte, qu'il restait seulement trois personnes face à des puissances surnaturelles maléfiques. Comment pourraient-elles trouver la force de les combattre si de nouvelles attaques devaient arriver ? Il est évident que la lutte serait inégale, ce serait le pot de fer contre le pot de terre.

Je savais que pour l'instant elle ne quitterait pas cette maison, car elle ressentirait la présence de mon père dans ces murs, c'était aussi l'accomplissement de tant de labeurs et d'efforts qu'ils avaient réalisés ensemble, cela lui aurait déchiré le cœur. Avant de partir, ma mère m'offrit la montre en plaqué or de mon père. Elle était toute neuve, il ne la portait que pour certaines grandes occasions.

En rentrant chez moi je me souvenais des problèmes de ma rencontre avec le temps, mais je me disais quand même, « Ce ne sont peut-être que des coïncidences ».

Au cours de la soirée je décidais de l'attacher à mon poignet, dans la minute qui suivit le bracelet se détacha de nouveau et elle est tomba sur le sol de la cuisine ; c'était la troisième fois que cela m'arrivait.

Cela paraissait invraisemblable et pourtant la réalité était là. En la ramassant je regardais les aiguilles, elle s'était arrêtée à 19 heures précises, étrange car cela correspondait à la date du décès de mon père le 19 Juin.

Je me retrouvais une fois de plus devant un fait du destin où le normal rejoint le paranormal. Dans cette expérience, l'au-delà venait de me faire parvenir un message chiffré avec une clé qui allait m'ouvrir d'autres portes spirituelles dans ma vie future.

Il y avait un signe à travers ce chiffre : « En numérologie c'est la Révélation Aboutissement » je le sus plus tard où d'autres circonstances liées à ce numéro allaient me faire évoluer sur le chemin de mon existence.

## Chapitre VI

29 ans.

Le grand voyage astral.

Troisième sortie du corps.

Rencontre avec des êtres chers disparus.

Présence de l'ange gardien.

Trop affecté par le décès de mon père j'avais du mal à trouver mes repères, je n'avais plus envie de rien. Absorbé par ce destin tragique qui venait de nous frapper, je devenais irritable n'acceptant aucune contrariété.

A cette époque je travaillais en trois-huit dans une usine. La fatigue ajoutée au mal-être, je devenais dépressif. Je voyais tout en noir, ce goût âpre et amer qui s'écoule jusqu'au fond de l'âme.

Le médecin m'avait donné un traitement de cheval. Je perdais mes défenses naturelles et je me sentais lentement basculer dans une sorte d'inconscience.

Dans l'entreprise à mon poste de travail, je manipulais beaucoup de produits chimiques dont l'un d'eux s'avérait très dangereux pour la santé.

J'étais de plus en plus épuisé. Je ne me suis pas rendu compte que l'un de ces produits m'avait infecté le sang. Avec le mélange de médicaments cela ne faisait pas bon ménage, mais je n'y prêtais pas attention en me disant que cela finirait bien par passer.

Le matin comme à l'habitude, les ouvriers se réunissaient dans la salle de repos pour prendre un café. Cela nous permettait de discuter et de nous détendre avant de commencer la journée.

Ce jour-là, dès la première gorgée, ma tête se mît à tourner. La pièce semblait être prise dans un tourbillon. Je perdis l'équilibre en tombant comme une masse sur le sol.

Les secours sont arrivés procédant aux premières tentatives de réanimation et puis je me suis retrouvé ballotté sur un brancard, traversant en hâte les couloirs de l'usine. De temps à autre je revenais à moi mais je n'avais que des flashs, les pompiers penchés sur moi m'emportant dans l'ambulance, le bruit de la sirène, l'intérieur du véhicule, le masque à oxygène sur ma bouche, un homme assis à mes côtés me parlant pour ne pas que je m'endorme. Tout était flou. J'observais sans combativité ni aucune réaction, je me laissais guider par mes sauveurs sans savoir où ils m'emmenaient.

Lorsque j'ouvris les yeux, j'étais à l'hôpital allongé sur une table d'opération. Des personnes s'affairaient autour de moi et me parlaient.

J'étais branché à plusieurs appareils monitoring avec en prime tout un amalgame de tuyaux, perfusion et masque à oxygène etc.

Puis soudain soulevé dans les airs, je quittais de nouveau mon corps charnel. Mais c'était encore différent de mon expérience vécue lors de ma noyade. Cette fois-ci, je n'avais pas vu le film de ma vie. Je pouvais contrôler cet état d'être à ma guise comme si j'avais appris instinctivement à le faire.

Mon esprit s'éleva vers le plafond afin d'avoir une vue d'ensemble. Le médecin et les infirmières me disaient en me passant un tube dans la gorge « N'ayez pas peur cela ne va pas vous faire mal ! » Je n'avais aucune crainte, je ne ressentais pas plus de douleur qu'à l'accoutumé. Je voulais qu'ils m'écoutent pour leur expliquer dans quel état je me trouvais, mais bien sûr ils ne m'entendaient pas continuant leur besogne tout en me parlant.

Un autre phénomène se produisit. Je pouvais lire dans leur pensée. C'était hallucinant. Je savais à l'avance ce qu'ils allaient me faire, les soins qu'ils pouvaient pratiquer et en plus j'apprenais instantanément toute leur médecine en un éclair.

J'avais acquis cette connaissance intégrale en m'infiltrant dans leur cerveau. C'était inexprimable, ils me faisaient partager leur savoir qui s'imprimait automatiquement dans ma mémoire.

Je voulais à tout prix communiquer avec eux, comprendre ce qui m'arrivait. Je sentais que je pouvais aussi les aider en apportant mon soutien, mes conseils, mais je n'y parvenais pas. Ils ne me répondaient pas. Je voyais mon corps inerte qu'ils s'efforçaient de réanimer ne perdant pas de vue le monitoring. Mes yeux étaient fermés. Tout mon être était plongé dans un profond sommeil. Je me disais qu'après tout, ils connaissaient leur métier et sauraient me guérir.

Me lassant de cette situation, j'avais la sensation que le plafond s'ouvrait comme un appel ou une porte de sortie vers un ciel lumineux et bleuté empreint de sérénité.

Je suis monté instantanément comme aspiré par une force invisible dans l'espace, traversant les nuages pour arriver dans un monde de lumière où toutes les couleurs d'un arc-en-ciel scintillaient dans des lueurs cristallines. C'était magique comme dans un rêve.

Et là ! Quelle fut ma grande surprise, mes proches décédés m'attendaient.

Je les voyais dans l'ordre de leur disparition, mon grand-père, mon ami d'enfance mort dans cet accident de voiture à 16 ans, mon père. Ils étaient dans ma mémoire visuelle avec le même visage qu'au moment où ils m'avaient quitté.

Leur sourire était radieux, je sentais chez eux ce bien-être, cette immense sérénité qu'il semblait impossible d'avoir sur notre terre.

Derrière eux, il y avait un grand couloir de lumière intense avec sur les côtés des aspects plus flous baignant dans des brumes lumineuses.

Je voyais des centaines d'êtres que je ne connaissais pas. Ils semblaient attendre devant cette entrée parlant entre eux avant de pouvoir pénétrer à l'intérieur de ce chemin luminescent.

Je voulu m'approcher pour voir de plus près mais c'était impossible. Mes proches me barraient la route juste par leur force mentale. Je pouvais communiquer avec eux par la pensée.

Plus aucune barrière n'entravait la vérité, rien ne pouvait être caché, les esprits étaient comme associés les uns aux autres scrutant jusqu'au plus profond de l'intérieur de l'âme.

Chacun gardant son individualité, mais en même temps lié à une puissance magnétique où les ondes se regroupaient dans une vision commune « La conscience universelle ».

Leurs pensées étaient limpides et simples. Elles me parvenaient avec détermination.

Je les entendais me dire ou plutôt penser : « Il est trop tôt pour toi, ta mission doit être achevée, il te faut encore apprendre ».

Puis ils me demandèrent de les suivre ce que je fis sans restriction. Sur le trajet, j'entendais une musique douce provenant d'un instrument à cordes ; c'était sans aucun doute la harpe céleste, les notes étaient très mélodieuses, les sons résonnaient comme une symphonie cristalline où l'écho semblait se répercuter dans tout l'univers.

Je sentais monter en moi un flot de bien-être par ces harmonies qui me transportaient dans une immense sérénité.

J'étais complètement absorbé par cette mélodie comme si elle faisait partie intégrante de mon âme.

Je suivais allègrement mes guides. Durant ce voyage, j'observais les paysages, j'avais une perception surprenante, ma vision agissait comme un appareil photographique. Je discernais une vue d'ensemble panoramique et en même temps, je pouvais zoomer tous les détails pour les approcher suffisamment de manière à en scruter chaque instant.

C'était à la fois fantastique et paradisiaque, je voyais une vallée luxuriante avec un fleuve, des ruisseaux, des arbres, des montagnes, une campagne avec des plaines verdoyantes, mais cela ne ressemblait en aucun cas à ce qui existe sur terre.

Je n'avais jamais rien vu de semblable. Ces paysages étaient féeriques, magiques. Tout était harmonieux sans aucune dissonance, lié dans un ensemble qui n'exprimait que la grâce et la beauté, la pureté dans toute sa splendeur. Un monde qui semblait irréel et pourtant bien réel à mes yeux.

Mon corps astral était intégré dans cet espace et je voyageais dans une réalité intemporelle.

Il y avait dans cette magnificence, de quoi offrir à un photographe, un peintre, un écrivain, un poète ou un musicien, une éternité d'inspiration et d'imagination.

En bas j'apercevais une ville de lumière, il n'y avait pas d'immeuble, mais des maisons individuelles avec un petit jardin d'agrément emplit de fleurs colorées, doté d'un banc de pierre blanc et d'une fontaine.

C'était la demeure personnelle de chaque âme qui devait se retrouver dans son propre intérieur, pour méditer sur ses vies passées, ses actes accomplis bons ou mauvais et réfléchir à son futur, de manière à s'améliorer pour préparer son nouvel avenir.

Ces habitations étaient étincelantes comme si les murs étaient en verre. Je ne distinguais pas de porte, ni de fenêtre.

Elles ressemblaient à des prismes triangulaires aux reflets irisés, d'où jaillissaient toutes les couleurs vives d'un arc-en-ciel.

Ces lueurs n'étaient pas éblouissantes, elles étaient à la fois douces, généreuses et apaisantes.

Les rues étaient larges et éclatantes dans une blancheur immaculée. A certains endroits des petites places avec des bassins, d'où s'écoulait une source d'eau limpide, réunissaient une multitude de personnes se promenant ou discutant.

Elles n'avaient pas d'apparence physique mais plutôt comme une aura personnalisée. Elles étaient toutes différentes comme on le voit dans le monde terrestre et à la fois plus proches. Elles n'avaient pas spécialement de visage mais je les voyais d'une autre façon, comme une émanation éthérée et lumineuse.

Pourtant, je continuais à voir mes proches avec leur visage au moment de leur disparition. C'était sans doute le fait que je ne sois pas encore vraiment mort qui me retenait dans ce passé, où resurgissaient les visions de ma mémoire terrestre.

Je me trouvais dans une étape transitoire, ce qui ne me permettait peut-être pas de pouvoir distinguer plus précisément l'autre côté.

Certains êtres étaient plus lumineux que d'autres, comme des anges initiés. Ils parlaient à des petits groupes sûrement pour les préparer au grand voyage.

Je voyais également des âmes comme la mienne, qui arrivaient désorientées. Puis elles étaient soulagées de voir leurs proches qui venaient les accueillir pour les aider à comprendre cet état dans lequel elles se trouvaient.

Il n'y avait aucun signe d'agressivité ni de refus, chacun semblait accepter la situation dans laquelle il se trouvait.

Il régnait dans cet univers une sensation de paix absolue, de bonheur et d'amour.

Cet endroit était la phase intermédiaire où les âmes devaient se repentir et se purifier, avant de pouvoir pénétrer dans le passage pour accéder à la source lumière.

Tout au long du parcours, je discernais en permanence le couloir de lumière immaculée à chaque endroit où je me trouvais, il était là, comme le soleil et la lune agissent sur notre planète.

Durant ce voyage je n'avais pas cette impression de voler dans les airs, les déplacements étaient instantanés, comme si j'étais télé-transporté d'un point à un autre par le simple fait de la pensée.

Soudain je me suis retrouvé dans un amphithéâtre. Cette pièce était en demi-cercle, cela ressemblait à une université avec sur le pourtour une immense bibliothèque. C'était un institut de hautes études, le centre de toutes les connaissances.

Il y avait beaucoup de monde, des êtres étaient là écoutant une personne au milieu de cette oratoire. Je me sentais comme à l'école suivant des cours et les leçons venaient à moi sans interruption.

En un très court laps de temps, j'avais l'impression d'absorber la connaissance intégrale; cet enseignement arrivait à travers des images, des pensées, des sons.

Toute cette culture s'imprégnait en moi instantanément.

Je n'avais même pas besoin de réfléchir pour comprendre, l'instruction s'imprimait dans ma conscience par un jaillissement d'énergie intellectuelle.

Pendant ces instants, je connaissais les réponses à toutes choses. J'avais à disposition tout le savoir, l'univers semblait ne plus avoir de secrets.

Il est difficile d'exprimer ce phénomène par des mots car ceux que j'utilise n'ont rien à voir avec cette réalité surnaturelle. Il n'y a rien de comparable sur terre, toute cette communication est transcrite automatiquement dans un langage universel, comme par exemple la musique. La compréhension est instantanée. C'est un lieu en soi. L'âme possède cette essence innée depuis la nuit des temps.

Tout ce qui existait se trouvait là, pas seulement représenté sous certains aspects, mais formant un TOUT « La connaissance intégrale et universelle».

La contraction abrégée est « CIEU ». Nous sommes donc bien dans cette partie spirituelle que les hommes ont appelé « Ciel ou Cieux ».

Au vu de ces termes aucune coïncidence possible, ce n'est pas le fruit du hasard, qui pour moi n'existe pas. La vérité est devant nos yeux, puisque nous l'avons nommée ainsi.

Toutes les bases de la vie étaient réunies dans son contexte. Le savoir absolu où la science exacte et pure était puisée directement à la source de toutes les vérités.

Je me souviens que, lors des mes décorporations, j'avais déjà ressenti ces sensations. J'avais pu connaître les pensées des autres. J'avais vu défiler le film de ma vie, j'avais pu lire dans le cerveau des infirmières et des médecins.

Donc il est certain, que lorsque nous nous trouvons dans cet état d'âme, sans enveloppe corporelle dans l'espace astral, nous avons la possibilité de pouvoir assimiler en quelques secondes d'innombrables informations à une vitesse vertigineuse, dans une vision à la fois globale et détaillée, sachant qu'aujourd'hui un ordinateur même le plus perfectionné ne pourrait le faire. Au terme de cet enseignement, je repartais avec des connaissances enrichissantes et en même temps rassurantes pour l'avenir spirituel de l'être.

A savoir que nous sommes toujours dans l'explosion originelle de la matière
« Le big bang », ce qui permet à l'univers d'être en mouvement permanent.

Prenons par exemple une poignée de billes. Si nous la lançons avec une forte puissance et suffisamment loin, elles vont d'une part se disperser par petits groupes dans plusieurs directions à des distances différentes.

D'autre part, au début elles vont tourner à une vitesse vertigineuse puis ensuite ralentir leur course pour finir par s'arrêter totalement.

Notre univers fonctionne de la même façon. Il est formé par des groupes de planètes constituant un ensemble qui crée des galaxies éparpillées dans l'espace.

En elles, il existe environ 15 à 50 milliards de systèmes planétaires. Dans notre univers, il y a une centaine de milliards de galaxies.

Quand on sait que notre système solaire ne comporte que neufs planètes, finalement nous ne sommes pas au bout de nos peines pour découvrir notre réel avenir.

A supposer d'après ce que j'ai appris, qu'il existe aussi plusieurs univers parallèles, possédant chacun leur propre « Big bang ». Alors imaginons le chemin que nous avons à parcourir.

Donc une planète dans sa course doit arriver à une rotation acceptable ou normale, pour que la vie se crée.

Le temps espace n'est pas comparable avec celui que nous vivons. Un jour notre terre s'arrêtera de tourner et dans un avenir lointain mourra. Mais nous aurons acquit à ce moment là, une technologie suffisamment avancée pour changer de monde ou même de galaxie.

Dans chaque système solaire une planète est habitée, mais selon la distance où se trouve sa galaxie, les êtres sont plus ou moins avancés tant technologiquement que spirituellement. Plus une galaxie s'éloigne de l'explosion, plus elle évolue.

Quand on observe l'œil de la galaxie qui se trouve en son milieu, on aperçoit un trou noir, plus ou moins important selon la taille de la galaxie.

Il aspire la matière en son intérieur, comme un tourbillon en pleine mer peut happer un bateau.

Autour de son orifice tournent comme s'ils étaient en orbite, des objets lumineux avec un rayonnement stellaire d'une puissante intensité ;
« Les quasars ». Ils ne sont pas considérés comme des étoiles, mais plutôt comme une matière possédant une énergie phénoménale. Ils émettent également des ondes radio, une source d'informations primordiales pour notre vie galactique.

Ce serait en quelque sorte, le cerveau et le moteur de la galaxie.

On observe également des trous blancs, l'antithèse. Eux par contre rejettent la matière. Les trous noirs et blancs seraient reliés à travers l'espace temps, par un pont ou tunnel, que l'on appelle trou de ver, il est certain que toute matière attirée ressort ailleurs.

Donc le trou blanc serait au sein même du trou noir. Ce sont les passages pour aller d'une galaxie à une autre et d'un univers à l'autre. Dans cet espace la vitesse est nettement supérieure à celle de la lumière.

Ce sera grâce à l'utilisation des cristaux et de l'antimatière, que nous pourrons accéder à d'autres planètes ou systèmes solaires. Par contre, pour accéder à d'autres galaxies, ce sera avec l'énergie de la lumière.

Enfin tant que l'homme a besoin encore de son corps pour voyager, car pour les esprits, c'est bien sûr différent.

L'antimatière dans notre monde avait été précitée déjà en 1931 par « Paul DIRAC »
l'un des créateurs de la théorie quantique. Aujourd'hui des chercheurs américains auraient semble-t-il à travers leurs expériences, réussi à l'intégrer dans des cristaux.

L'atome est composé d'un noyau avec les protons à charge positives et les neutrons à charge neutres. Ses électrons ont des charges négatives, les opposés sont attirés par le fait de l'électromagnétisme.

La matière est l'association de plusieurs atomes qui échangent leurs électrons, ce qui les relient entre eux pour créer un objet composite ou une molécule.

En ce qui concerne l'antimatière, il suffit d'inverser la polarité des électrons. Ils seront repoussés automatiquement par le noyau.
Les atomes étant alors détachés de leur lien, la matière se décompose.

C'est le même principe avec les aimants. D'un côté ils s'attirent, mais en les inversant ils se repoussent. A partir du moment où nous sommes capables de contrôler ce phénomène « Matière, antimatière », on peut pratiquer
« La télé-transportation ».

Ainsi, les atomes sont emmagasinés à l'intérieur d'un champ magnétique, formant une bulle protectrice pour éviter leur dispersion dans l'espace. Puis étant propulsés à une vitesse supérieure à celle de la lumière, grâce à la gravitation espace temps, ils se reconstituent au terme du voyage choisi.

D'ailleurs certains êtres utilisent déjà cette pratique dans notre galaxie. C'est pour cela qu'ils ont la possibilité de pouvoir se déplacer à leur aise et venir nous visiter à leur guise.

Finalement, il ne faut pas se voiler la face envers ceux que l'on appelle,
« Les extraterrestres ». Ils existent. Cela est une réalité évidente.

Ce sont des populations plus avancées en technologie. Nous sommes loin des petits hommes verts, martiens ou autres.

Cependant, ce procédé ne peut s'appliquer qu'à l'intérieur d'une galaxie. Pour aller d'une planète à une autre ou d'un de système solaire à un autre.

La distance entre les galaxies étant trop importante, l'objet se perdrait dans le cosmos sans pouvoir se reconstituer et finirait par s'autodétruire.

Pour pratiquer ces voyages intergalactiques il est nécessaire d'avoir une technologie encore plus avancée.

L'autre catégorie « Les extragalactiques » voyage d'une galaxie à une autre ayant acquis une science encore plus élaborée, compte tenu de la distance à parcourir pour venir nous rejoindre.

Ils utilisent trois composants de la lumière puisés directement dans l'œil des galaxies :

« Les quasars, ces éléments possédant la plus grande puissance lumineuse et énergétique de la galaxie ». Donc un atome de lumière serait composé d'ondes électromagnétiques, de neutrinos à charge neutre et de photons pouvant être positifs et à la fois négatifs. Avec ces trois éléments réunis nous obtenons de la matière lumière, avec lesquels leurs vaisseaux sont construits.

A partir de cette conception l'objet est en même temps matière et énergie. Sa masse étant énergie, elle se déplace avec la dilatation du temps. On considère finalement que son parcours est instantané, comme la pensée de l'esprit peut voyager dans l'instant présent sans son corps charnel.

Grâce à cette technologie futuriste, ils sont capables de se déplacer non seulement d'une galaxie à une autre mais également d'un univers à l'autre.

Une onde électromagnétique est la combinaison de deux perturbations, l'une est électrique, l'autre est magnétique.

Ces deux perturbations, qui oscillent en même temps mais dans deux plans perpendiculaires se déplacent à la vitesse de la lumière

Une onde EM peut donc se concevoir comme une perturbation électrique de la matière qui se propage.

Les neutrinos sont des particules élémentaires, de masse très petite et de charge électrique neutre. Les neutrinos de haute énergie sont produits par des cataclysmes cosmiques lointains et extrêmement violents tels que « Les trous noirs, les supernovas et le Big Bang ».

Ils se déplacent à une vitesse proche de la lumière et ne s'arrêtent pas allant jusqu'aux frontières de l'univers, traversant les étoiles, les planètes, de vastes champs magnétiques et des galaxies entières comme si ceux-ci n'existaient pas.

Des neutrinos franchissent la terre toutes les nanosecondes, ces particules infimes constituent un messager potentiel transportant des informations fondamentales sur leurs origines.

En relativité restreinte, il faut comprendre que ce partage de la vitesse se fait non seulement entre les dimensions spatiales mais aussi avec le temps. Un objet ne se déplace que dans le temps.

Toute sa vitesse dans l'espace-temps est utilisée pour un mouvement le long de la dimension temporelle. Avec la dilatation du temps, un objet qui se déplace dans l'espace voit son temps ralentir.

Dans l'espace temps, une partie de sa vitesse est attribuée au déplacement spatial et le reste est associé au temps.

Selon Einstein, tous les objets se déplacent dans l'espace-temps à la vitesse de la lumière. Ainsi la vitesse temporelle des photons est nulle. La lumière ne vieillit pas. Le temps ne s'écoule pas lorsqu'on se déplace à la vitesse de la lumière.

Pour accélérer un objet, il faut fournir une certaine force pendant un certain temps. Plus l'objet est lourd, plus il faut une force importante. Selon la théorie de la relativité, plus un objet va vite, plus sa quantité de mouvement augmente vite.

C'est-à-dire qu'il faut moins d'effort pour accélérer un objet de la vitesse 0 à la vitesse V, que pour l'accélérer de la vitesse V à la vitesse 2V.

L'augmentation de la force nécessaire dépend du facteur gamma, un nombre qui vaut 1 pour les petites vitesses, et qui tend vers l'infini quand on se rapproche de la vitesse de la lumière.

Les effets relativistes sont d'autant plus perceptibles que le facteur gamma est important.

Plus un objet va vite, plus les distances se contractent relativement à lui dans la direction de son déplacement.

Cet effet n'est valable que du point de vue de l'objet. Et ces longueurs sont divisées par le facteur gamma également. Du point de vue extérieur, les distances parcourues restent les mêmes.

C'est-à-dire que l'objet parcourt de son point de vue la distance à laquelle on se serait attendu s'il n'y avait pas le ralentissement relativiste.

D'un côté l'objet est ralenti, mais de l'autre les distances se contractent. Cela s'annule. Mais d'un point de vue extérieur, l'objet se déplace de la distance, normale

Donc un observateur extérieur verra l'objet se déplacer, ralenti du facteur gamma comparé à la force fournie, mais du point de vue de l'objet, le déplacement sera quand même correspondant à la force fournie. Les photons vont à la vitesse de la lumière. Donc le facteur gamma est infini.

La contraction des distances sera alors infinie. C'est-à-dire que du point de vue du photon, la distance à parcourir est toujours égale à zéro. Aussitôt parti, aussitôt arrivé. Le temps ne s'écoule donc jamais plus qu'un instant. Le photon semble mettre du temps de son point de départ à son point d'arrivée.

Pourtant, du point de vue du photon, il n'y a qu'un seul instant. Donc pendant le temps du trajet, le photon est à la fois au début, au milieu et à la fin du parcours . Il est donc,
« Hors du temps ».

Les photons arrivant des galaxies lointaines, qui ont mis des années voire plus à arriver jusqu'à nous, sont de leur point de vue arrivés instantanément.

Cela peut paraître étrange. Pourtant, la limite de la vitesse de la lumière n'est qu'une limite apparente, parce qu'en fait, elle correspond à une sorte de vitesse infinie. Les photons vont à une vitesse infinie de leur point de vue, mais d'un point de vue extérieur, ils semblent mettre du temps. Cela veut dire que le photon est comme suspendu pendant tout son trajet, à la fois immobile et à la fois en mouvement.

« Je tiens à préciser que je n'ai jamais fait aucune étude concernant la physique et que les informations que j'apporte, je les ai acquises lors de mon passage dans cette université spirituelle »

L'inconnu nous fait peur tant que nous ne pouvons pas le comprendre ni le contrôler. Un comportement encore trop terre à terre, auquel nous devons réfléchir plus profondément afin de nous améliorer pour accéder à un meilleur avenir.
Ces êtres venus d'ailleurs sont parmi nous en permanence, pour nous aider dans notre avancement scientifique.

On peut d'ailleurs le constater au regard de notre évolution durant ces dernières décennies.

Beaucoup de personnes furent et sont encore témoins d'apparitions et d'objets non identifiés dans notre ciel. Certains terriens ont voyagé dans des soucoupes volantes, d'autres ont été enlevés pour ne jamais revenir.

Bien sûr nous devons nous méfier, car ces êtres venus d'ailleurs, ne sont pas tous bienfaisants, comme cela se passe aussi sur notre terre ou dans le monde spirituel.

Nous devons aujourd'hui nous rendre à cette évidence et accepter que nous ne sommes pas seuls dans cet immense cosmos.

En ce qui concerne les esprits, il y a comme sur notre terre une hiérarchie. A la différence de notre système humain, c'est que les plus évolués aident les plus faibles à monter dans l'échelle supérieure.

Contrairement à notre mentalité terrestre où on les écrase encore plus, pour profiter d'eux au maximum et en faire des serviteurs dévoués à la solde de ces sois-disant gens bien pensants.

A sa naissance l'âme est androgyne et impure. Puis elle se sépare en deux aspects, l'un masculin et l'autre féminin avant de s'incarner. Son but est de se réincarner autant de fois qu'il est nécessaire afin de pouvoir redevenir androgyne « Mais purifiée ». C'est pour cela que dans le parcours de nos existences, nous devons connaître ces deux états d'êtres et cumuler le même nombre de vies antérieures en tant que femme et homme.

Il est un fait certain que pour comprendre ces deux comportements différents, féminin et masculin, nous devons les vivre pleinement pour en ressentir chaque parcelle, les puiser à la source de l'essentiel pour notre évolution spirituelle.

C'est à travers toutes nos réincarnations que nous pourrons atteindre un jour, le paroxysme du véritable amour éternel, la fusion du yin et du yang et devenir hermaphrodite afin de pouvoir franchir d'autres sommets pour accéder à d'autres univers encore inconnus dans l'infini cosmos.

D'ailleurs nous pouvons remarquer que sur notre terre cet état d'être existe déjà.

Certain végétaux ont cette particularité, ils possèdent dans une même fleur les organes mâles les étamines et les organes femelles le pistil. Comme l'orchidée ayant à la fois les organes reproducteurs des deux sexes. Ce que nous pouvons aussi observer chez certains animaux comme l'escargot, la sangsue et le ver de terre.

Notre âme est donc bien reliée en communion avec cette nature créatrice de tout être vivant, corporelle et spirituelle.

Et lorsque nous pensons rencontrer l'âme sœur, notre moitié qui peut nous apporter cet amour et cette spiritualité par la symbiose d'une vision commune, ne sommes-nous pas finalement à la recherche de nous-mêmes ?

J'avais maintenant les réponses à mes questions concernant ma vision de vie antérieure à quatorze ans, où dans cette existence précédente j'étais une petite fille. Cela faisait partie d'une épreuve que je devais accomplir en tant que femme. Quelquefois certains esprits refusent de se réincarner dans l'autre sexe ; soit par orgueil, par vanité ou parce qu'ils se sentaient bien dans leur vie précédente voulant prolonger cet état charnel.

Alors que pour eux c'est le moment venu d'apprendre l'autre partie, sachant qu'ils sont déjà programmés pour cette naissance. C'est leur choix, celui du libre arbitre, mais ils devront affronter les difficultés de cette vie à venir. Leur karma en sera perturbé, car leur esprit agira différemment de leur corps.

Il y aura un déséquilibre et le sujet sera psychologiquement troublé durant toute son existence à la recherche de sa véritable identité. Son esprit s'apercevant de son erreur au cours de son chemin s'adonnera généralement à l'homosexualité et fera dans certains cas même appel à la chirurgie pour se transformer, ne supportant pas son corps actuel.

Prenons l'exemple d'un esprit féminin se réincarnant dans un corps masculin, refusant cet état d'être il sera à la recherche d'un corps qui viendra combler sa sensibilité féminine, donc un homme.

Mais celui qu'il va rencontrer sera dans les mêmes conditions et besoins que lui. C'est cette affinité commune qui pourra les rapprocher pour les aider à comprendre et essayer d'évoluer malgré ces mauvaises conditions de départ.

Il est bien sûr évident que pour un esprit masculin dans un corps féminin la situation est la même. A noter qu'un esprit acceptant la chaîne d'incarnation normale aura bien entendu une évolution spirituelle plus avancée.

Il existe donc autant d'esprits féminins que masculins.

A ce stade spirituel aucune discrimination possible, la femme est bien l'égal de l'homme.

Dans le cas contraire comme cela se passe souvent sur terre, les êtres qui n'ont pas compris cette relation fusionnelle se refusent eux-mêmes à admettre leur propre identité ; la naissance de leur âme.

Nous pouvons constater d'ailleurs que toutes les doctrines religieuses terrestres sont misogynes.

Les plus hauts placés et dirigeants ne sont que des hommes. Les femmes n'ont pas accès à ces postes supérieurs, elles sont rabaissées pour servir ces maîtres spirituels, alors que leurs esprits sont souvent beaucoup plus ouverts.

Ils sont classés dans notre univers, en cinq catégories selon le degré de leur avancement. Avec les qualités qu'ils ont acquises durant leur parcours corporel et spirituel et les imperfections qu'ils leurs restent à épurer avant d'atteindre les plus hauts sommets pour être parfaits.

Tout d'abord, en première catégorie. Il y a les esprits imparfaits et malveillants. Ceux dont on doit se méfier. Ils errent entre le ciel et la terre et ne veulent pas atteindre la lumière, car ils n'ont pas encore fait le deuil de leur corps charnel. C'est dû, soit à une mort violente ou une injustice qu'ils ont subie lors de leur vie terrestre et tiennent à se venger en persécutant les humains, pour essayer de se soulager spirituellement.

La méchanceté est ancrée en eux, ils profitent de leur petit pouvoir acquis, étant sans enveloppe corporelle, pour faire le mal.

Malins, moqueurs, dangereux et nuisibles ils s'attaquent aux êtres les plus faibles avec le désir de nuire, en faisant bouger des objets, frappant des coups dans les murs et même en prenant des apparitions monstrueuses ou démoniaques.

Ils sont très rusés et se font passer aussi pour des bienveillants en donnant des conseils perfides, pour que les personnes crédules se dirigent vers un mauvais chemin et qu'ils leurs arrivent tous les malheurs du monde, les poussant même quelquefois jusqu'à la mort.

En fait ils essaient à travers tous ces vices, de se débarrasser de leur propre mal-être.

Puis en deuxième catégorie viennent les esprits bienveillants et sages. Ceux que l'on doit écouter attentivement. Leur désir est d'apporter le bien. Dotés d'une intelligence élevée, ils ont une grande étendue de connaissances avec des qualités morales justes et saines. Ce sont nos protecteurs et anges gardiens.

Leurs missions est de prendre en charge un ou plusieurs êtres inférieurs, ils doivent les suivre pendant toutes leurs réincarnations terrestres pour les amener à leur niveau spirituel. Ils les guident dans leurs réalisations, par l'amour et le partage. La difficulté est de les faire avancer pour s'épurer vers le chemin lumière où un jour ils pourront prétendre accéder à leur place.

Un travail de longue haleine car les esprits gardent le libre arbitre de leurs actes et ne veulent pas toujours écouter les conseils de leurs anges gardiens, alors il faut recommencer encore et encore pour les diriger vers le bon chemin

Ce sont ceux que j'ai rencontrés et qui m'ont reçu dans cette phase transitoire. Ils sont au premier rang en tant qu'esprit. Ils ont fini leurs réincarnations sur terre.

Leurs devoirs accomplis, ils franchissent le couloir de lumière se réincarnent dans notre galaxie où des êtres sont plus évolués, pour obtenir un degré supplémentaire d'épuration et de connaissance. A chaque fois ils auront une étape différente dans plusieurs mondes avant de pouvoir prétendre accéder à la troisième catégorie. Cela nous permettra, après avoir vécu nos vies terrestres, de prendre leur place et suivre la chaîne de l'évolution éternelle.

A chaque étape de changement de monde et de système planétaire, il existe un couloir de lumière de plus en plus immaculé. Selon leur avancement spirituel, les esprits franchissent ces degrés d'épuration et deviennent plus éclairés pour progresser vers la source originelle.

En troisième catégorie. Il y a les esprits supérieurs. Ils ont parcouru tous les degrés de l'échelle corporelle. Ils sont dépourvus de toutes les impuretés de la matière. Il ne leur est plus nécessaire de se réincarner. Ils sont dans la vie éternelle. Abordant la perfection ils sont capables de se déplacer d'une planète à une autre. Leur mission est d'aider les esprits de la deuxième catégorie dispersés dans différents systèmes solaires, à monter les échelons pour devenir des êtres supérieurs comme eux.

En quatrième catégorie il y a les demi-dieux. Ce sont les plus éclairés les plus hauts placés. Ils peuvent voyager d'une galaxie à une autre. Leur but est d'aider ceux de la troisième catégorie à progresser vers cet état.

Mais avant d'obtenir ces pouvoirs le chemin est considérablement long. Ce sont les référents envers l'être suprême « Dieu », auquel ils doivent faire leur rapport sur l'avancement des esprits dans l'univers.

En cinquième catégorie il y a l'être suprême, à la fois « Dieu la mère et le père ». Il est l'alpha et l'oméga possédant le pouvoir divin sur tout son univers.

Il apporte son amour et ses conseils pour aider ceux qui viendront le rejoindre un jour, mais laissant toujours le libre arbitre à toutes les âmes.

Il ne leur donne aucune obligation, son rôle est de leur faire parvenir la lumière de son savoir pour qu'ils évoluent vers la divinité éternelle.

Étant hermaphrodite purifié, il a atteint le plus haut degré d'élévation dans l'échelle spirituelle. Il connaît désormais à la perfection le côté féminin et masculin, c'est pour cela qu'il peut être représenté sous ces deux aspects.

Il peut changer d'univers pour rencontrer d'autres êtres suprêmes qui sont arrivés comme lui à ce niveau de maturité spirituelle.

Ils se réunissent en conseil pour parler de l'évolution de leur travail, mais aussi pour se préparer eux-mêmes à de nouveaux voyages afin d'accéder à d'autres univers pour eux encore inconnus.

A noter qu'il existe une infinité d'univers : du plus petit au plus grand. Il en existe aussi des parallèles et leur multiplicité est infinie.

Il n'y a donc aucune limite dans l'infini cosmos. A chaque évolution spirituelle nous pourrons donc atteindre « L'au-delà de l'au-delà ».

Nous sommes donc bien dans une doctrine spirituelle, où la primeur de chacun est l'entraide et le réel partage par le véritable amour, celui d'aimer son prochain comme soi-même. Chaque être a le droit d'accès à l'évolution. Il a le libre arbitre pour franchir les étapes mais doit aussi tenir compte des conseils qui lui sont donnés et gravir les échelons un à un pour s'élever et prétendre un jour arriver au sommet de la pyramide.

L'enfer et le purgatoire sont sur terre. Nous pouvons malheureusement le constater au travers des horreurs que nous voyons et vivons chaque jour depuis que l'humanité existe. Un monde égoïste où le seul but est le pouvoir et l'argent. La manipulation et l'hypocrisie des gouvernements nous montrent bien que nous sommes encore au temps des royalistes, le moyen âge n'est pas aboli, les seigneurs faisant leurs lois, écrasant les serfs qui étouffent sous cet état de fait qui règne toujours sur notre planète. Ce qui prouve que nous avons avancé technologiquement mais pas spirituellement.

Les guerres sans répit entre pays et religions où chacun veut imposer ses principes pour commander, sans écouter ou regarder l'autre, alors que finalement nous nous dirigeons tous vers cette même lumière.

Les abus que certains font subir à autrui qui s'enrichissent à faire travailler les pauvres comme des esclaves en leur donnant quelques miettes de mauvais pain, juste de quoi survivre.

Des dictateurs faisant couler le sang sèment la terreur et la peur et sont capables de massacrer leur propre peuple pour assurer leur bien-être.

L'injustice où prolifère le racisme, la répression, l'intolérance, le terrorisme, la misère et la faim dans la majeure partie du monde, des êtres commettent des meurtres, des viols et d'autres s'adonnent à la prostitution ou à la pédophilie.

D'autre part des femmes, des enfants et des hommes sont bafoués, battus, torturés, martyrisés ou tués pour soi-disant l'équilibre de l'humanité où sont impliqués des gens de la haute société.

Il y a aussi ceux qui pratiquent la sorcellerie et la magie noire. Ils sont aidés par des esprits malveillants, leur servant à jeter des sorts maléfiques pour amener des personnes à se détruire psychologiquement ou physiquement.

Certains êtres habités par le démon se métamorphosent et se transmuent eux-mêmes en loups garous ou autres bêtes monstrueuses pour répandre le sang et la mort. D'autres en vampires, ce sont des entités astrales reliées par un invisible lien à leur cadavre qui survivent en buvant du sang humain, retardant ainsi indéfiniment la désagrégation moléculaire de leur dépouille mortelle.

Quel est ce monde cruel ? si ce n'est le diable qui agit dans ce système démoniaque ?

Il existe malgré tout des êtres qui pratiquent la magie blanche pour combattre ces forces néfastes, aidés par des esprits bienveillants. Ils sont alchimistes, guérisseurs, médiums ou exorcistes. Ils se battent pour conjurer les mauvais sorts et détourner les sortilèges qui ont atteint ces pauvres malheureux.

Aujourd'hui des espèces entières d'animaux et de végétaux disparaissent à cause de l'homme qui gère mal notre planète bleue en la polluant et la menant jusqu'à sa propre destruction.

Alors au terme de ces visions et réactions négatives qui nous incombent, que sont devenues les réelles valeurs de la vie, que l'on nous a prêchées au travers de toutes nos croyances ancestrales, humanitaires, sociales ou religieuses depuis la naissance de l'humanité ?

Je savais déjà qu'à mon retour, en réintégrant mon corps, je perdrais ces capacités d'assimilation instantanée, car notre être charnel bloque en partie cette fusion énergétique.

Mais que malgré tout, les souvenirs resteraient ancrés à tout jamais dans ma mémoire et que je conserverais une partie de ces études pour m'améliorer. L'important de cette expérience était d'en tirer une conclusion essentielle, celle de continuer à croire aux autres et en soi, apprendre à rester humble dans nos actes, offrir le vrai partage, qu'il existe d'autres formes de vies et qu'il faut toujours être à la recherche de nouvelles connaissances pour faire évoluer notre esprit vers la perfection.

Je savais aussi que je ne serais plus jamais celui que j'avais été avant ces événements et que je devrais franchir les obstacles en apportant tout l'amour nécessaire pour avancer vers cette lumière éternelle et ce savoir universel.

Je devais prendre en compte durant cette période d'apprentissage, un élément primordial dans notre existence, le triangle isocèle qui symbolise la pyramide, cette maison spirituelle que nous construisons pierre par pierre à travers nos réincarnations.

C'est le signe de l'élévation, le sens fondamental de l'enseignement, l'ordre initiatique de notre long chemin de vie qui nous guide dans la voie spirituelle à la quête du Graal.

Je sentais que ce voyage allait prendre fin au travers des pensées de mes proches. Ils étaient restés toujours près de moi lors de mon parcours et de mon initiation.

Pour moi ce retour était difficile à accepter et à concevoir car j'étais tellement bien dans ce monde.

Mais bien évidemment je n'avais pas le choix, mon heure n'était pas venue, ils me l'avaient précisé lors de mon arrivée.

Je devais réapprendre les valeurs de la vie avant de pouvoir accéder à un autre état d'être. C'est le but de nos réincarnations.

Ils savaient que je serais heureux de retrouver ma famille et mes enfants, car nous avions encore beaucoup de moments à partager dans cette existence.

Ensuite ils m'ont ramené au point de départ de notre rencontre exprimant un large sourire comme pour me dire au revoir et me souhaiter un bon retour, puis tout s'effaça instantanément.

Lorsque de nouveau j'ouvris les yeux, j'étais allongé sur un lit dans une chambre d'hôpital. Je voyais mes mains, mes bras, les instruments de vérification, les perfusions.

J'avais réintégré mon corps terrestre. J'observais la pièce, elle avait un aspect morbide avec des couleurs ternes.

Je n'entendais que les bruits réguliers des appareils de contrôle et les râles d'un monsieur âgé alité à côté de moi.

Je me demandais ce que je faisais là sans pouvoir bouger. J'avais l'impression d'être en enfer. Je ne ressentais autour de moi que la maladie, la douleur et la mort, alors que j'avais rencontré auparavant le paradis, un monde de lumière, de sérénité, de bien-être et de liberté.

Je me sentais prisonnier dans ce corps, dans cette chambre. Puis une infirmière entra. En hâte, je lui ai demandé de m'enlever tous ces tuyaux pour que je puisse bouger et sortir de cette pièce.

Elle me dit : « C'est hors de question. Vous venez de vous réveiller après une semaine de coma. Il va falloir attendre quelques jours ».

Une semaine ? Cela semblait complètement impossible. Le temps que j'avais passé la-haut m'avait paru si court, seulement quelques secondes, quelques minutes, ou peut-être une journée pas plus.

Il est vrai que durant ma période dans l'au-delà, je n'avais pas vu passer de nuit, il n'existait que la clarté du jour en permanence et je n'avais ressenti aucune notion de temps.

Après des jours qui me semblèrent interminables, les médecins décidèrent de m'ôter tous les appareils et divers instruments auxquels j'étais relié. Quel soulagement, je pus enfin me lever pour faire mes premiers pas dans le couloir. Je regardais à droite, à gauche. Je me rendais compte que j'étais entouré de personnes âgées.

Ma réaction fut immédiate. Je regardais mes mains. Elles ne semblaient pourtant pas avoir vieillies, mais je ne pouvais pas m'empêcher de penser que j'avais sûrement passé plusieurs années alité, sachant que le temps dans l'espace était différent et que quelques instants pouvaient peut-être représenter plusieurs décennies sur terre.

Dans mon angoisse, j'ai interpellé une infirmière pour lui demander un miroir. Il fallait que je vois mon visage immédiatement.

A travers son comportement, elle avait dû me prendre sans aucun doute pour un halluciné, en m'indiquant malgré tout qu'il y en avait un dans le cabinet de toilette de ma chambre. Je me précipitais pour me regarder dans la glace et après un long soupir, je m'aperçus que je n'avais pas changé.

J'étais toujours aussi jeune. J'avais ressenti en moi pendant ces instants cette crainte, cette peur de vieillir, une sensation qui n'existait pas dans « L'Ailleurs ». Analysant mes réactions et sentiments terrestres, j'avais effectivement encore beaucoup à apprendre.

J'appris par la suite que j'avais été placé ici car il n'y avait plus de lit disponible dans les autres services.

Finalement mon réveil sur terre semblait un peu chaotique, je devais retrouver mes esprits par rapport à ce que j'avais vécu. Je me sentais perturbé entre ces deux situations.

J'étais dans une phase de transition. Un changement s'opérait en moi que je devais accepter sans aucune contrainte.

Ces deux mondes différents étaient maintenant bien présents dans mon corps et mon esprit.

Je n'avais aucune autre alternative que d'admettre désormais cette symbiose du naturel et surnaturel, même si auparavant dans mes précédentes expériences paranormales je m'étais posé beaucoup de questions et qu'il pouvait me rester quelques doutes.

Cette fois-ci j'avais la certitude de l'existence de l'au-delà, ce monde d'amour et de lumière éternelle, ce monde où tous les êtres sont unis, ce monde de connaissance intégrale, ce monde où la mort n'est pas la mort comme on la conçoit sur terre, mais bien une autre forme de vie.

J'en possédais aujourd'hui les preuves irréfutables, celles que j'avais pu constater et acquérir lors de mon grand voyage.

Dorénavant, il était nécessaire de me poser pour méditer tranquillement et réfléchir afin de trouver l'équilibre entre le réel et l'irréel pour entamer ma nouvelle existence.

A ma sortie d'hôpital, j'avais un besoin intense de solitude pour me ressourcer. Je suis allé me promener en forêt. La communion avec la nature était pour moi d'une importance capitale.

Au cours de ma balade, j'avais une impression de renaissance. Je ressentais chaque vibration de cet environnement. Je redécouvrais mes perceptions sensorielles comme celles d'un nouveau-né.

Mon odorat était plus développé, les senteurs des bois embaumaient l'air au gré d'un vent léger et venaient caresser mes sens olfactifs. Les essences des arbres, le parfum des fleurs, les effluves d'humus, toutes ces émanations aux arômes subtils s'imprégnaient en moi, comme par enchantement. Mon regard plongeait au plus profond du paysage. Je parcourais son intimité dans les moindres détails, accompagné de l'aubade des oiseaux qui venait bercer mes oreilles d'une symphonie cristalline.

Mon sens du toucher était devenu plus sensible, il me suffisait simplement d'effleurer de ma main les plantes et les arbres pour ressentir le bien-être de leur présence.

Je savourais ce nouveau commencement de vie, dans le bonheur de ces moments délicieux, faisant corps et âme avec la nature.

Au terme de mon parcours astral, je viens vous faire partager ce que j'ai pu ressentir dans ces instants de grande sérénité. Ce bonheur intense et fluide qui réunit tous les êtres, désirant accéder à l'essentiel, au cœur même de la source originelle, celle de la lumière vérité.

Un voyage au-delà du temps où seul existe l'instant présent, celui de l'éternité.

Voici quelques pensées en citations et en poème :

C'est au-delà de la pensée que naissent les vérités, elles viennent jusqu'à toi pour irriguer ta foi.

Cherche juste à t'abreuver à la source de vérité pour exprimer l'amour en toute liberté.

Puiser dans ta pensée, c'est puiser dans l'univers pour voir rayonner ta vie dans un jet de lumière.

Ta pensée dans l'espace voyage dans le temps et effleure un instant ta vie dans le présent.

La pensée de l'innocence danse dans le silence d'une musique céleste qui chante pour l'animer.

La pureté de ta pensée fait ouvrir ton cœur qui partage son amour en un flot de bonheur.

Comprendre sa pensée, c'est voir l'invisible, pouvoir l'exprimer c'est la rendre visible. Et tant que tu peux voir ce qui est invisible, tu gardes l'équilibre.

Le corps et la pensée liés ensemble pour un instant d'amour, dans une vie, dans un jour pour approcher l'éternité.

Pensée, tu existes par une force cosmique, infinie dans l'espace pour t'apporter la grâce.

Entrer dans ta pensée pour mieux en explorer l'ultime sérénité.

Laisser nager ta pensée dans une rivière de cristal que la lumière traverse pour mieux la refléter.

Chaque pensée qui scintille forme un ciel étoilé, plus la pureté l'anime, plus elle pourra briller.

Chaque pensée d'un instant où filtre l'inconscient vibre dans tout ton être pour épanouir ton conscient. Comme les étoiles d'un ciel d'été illuminent ton regard, la force lumière divine, éclaire ta pensée.

Quand les pensées des êtres, dans leurs diversités pourront s'unir un jour dans une seule vérité, elles chanteront l'amour et la beauté, danseront chaque jour pour une vrai liberté, chevaucheront la lumière dans un ciel étoilé, caresseront le soleil qui vient les réchauffer, remercieront les oiseaux qui viennent les faire danser, enlaceront la nature qui les a enfantées.

Ce jour-là seulement, où les êtres éclairés trouveront l'harmonie, ils comprendront enfin ce sens de la pensée.

Dans le ciel astral, le passé, le présent, le futur ne font « Qu'UN ». On entre dans l'éternel présent. L'essence de nos sens s'illumine au regard d'une «Vérité » pour accéder à l'essentiel.

Définir que l'irréel naît dans le réel, c'est comprendre que le réel meurt dans l'irréel, comme une pensée qui meurt pour laisser place à une pensée qui naît. A une pensée nouvelle pour encore mieux observer la clarté d'une lumière divine.

Vision surnaturelle mais vision naturelle d'une pensée de l'intérieur pour mieux voir l'extérieur une vison définie qui embrasse l'indéfini. Quand cette pensée se pose, elle conduit à l'infini.

Une pensée s'unit dans l'instant à tous les êtres qui ont soif d'une lumière d'éternité pour nager dans un océan d'amour et de beauté.

Pouvoir donner à chaque instant qui passe  la pensée de ton être qui vibre dans l'espace, pour faire apparaître au grand jour l'écho de ton amour.

A la lumière du crépuscule l'aube de chaque jour éclaire la plénitude de notre aurore.

Vivre avec tous les êtres, c'est vivre dans son être.

Une étincelle de vie au détour d'un verso, pour que notre existence voyage vers l'infini au flash de la réussite.

# VOYAGE VERS L'INFINI

Une légèreté étrange soudain t'envahit
Et t'éloigne d'un pas de ce que l'on nomme la vie
Un voyage vers l'infini
Au bout des galaxies

Dans une lumière opaque qui s'écoule sans bruit
Il suffit d'un regard, d'une pensée sans un cri
Un voyage vers l'infini
Où chaque âme s'unit

Est-ce un rêve, une autre forme de vie
Où chaque être découvre tout ce qu'il a en lui
Un voyage vers l'infini
Où ta pensée te suit

Tu voyages dans un monde où personne ne fuit
L'amour est éternel ailleurs ou ici
Un voyage vers l'infini
Aux sources d'harmonie

Et si tu retombes dans le monde où tu vis
Tu pourras leur répondre que ton être a compris
Un voyage vers l'infini
Où grandit ton esprit.

Ma vie reprenait son cours normal. J'avais repris mon travail, retrouvé ma famille et mes amis. Pour fêter mon retour un samedi soir nous sommes partis dîner chez des amis. Ils habitaient à une vingtaine de kilomètres de chez nous. En arrivant chez eux, j'ai garé la voiture sur le côté de la rue qui longeait leur immeuble. C'était une route assez fréquentée surtout le week-end. Mon véhicule était juste après un virage, seule place disponible ce soir-là. Mon épouse descendit avec mon fils dans son couffin, il n'avait que quelques mois, ma fille aussi venait de rejoindre sa mère pendant que je sortais du coffre arrière les affaires que l'on avait besoin pour la soirée. J'avais à peine fini de poser les pieds sur le trottoir pour aller les rejoindre, juste le temps d'une poignée de secondes, qu'un bruit violent nous fit sursauter, une voiture roulant à vive allure venait de percuter de plein fouet, l'arrière de la nôtre.

Elle s'était encastrée dans le coffre et sous le choc, notre véhicule fut projeté sur celui de devant. Le conducteur, dans un excès de vitesse sous l'emprise de l'alcool avait raté son virage. Je me suis mis à hurler de colère après ce chauffard complètement saoul, le traitant d'injures qui ne sont même pas dans le dictionnaire.

Les deux passagers sont sortis sans aucune blessure apparente, juste un peu secoués, c'était une mère et son fils. Ils étaient franchement bien éméchés, mais vu ma colère et le sermon que je leur ai passé cela les avait bien dessaoulés et redirigés dans la réalité. La mère pleurait à chaudes larmes, elle venait de se rendre compte de la gravité que cet accident aurait pu provoquer, mais tout le monde était indemne heureusement. Il est sur que cela les avait calmés pour ne plus conduire à l'avenir dans un état d'ébriété aussi avancé, enfin je l'espère.

Pendant l'espace d'un instant je m'étais imaginé le pire. A quelques secondes près, mes enfants et mon épouse auraient pu être gravement blessés ou même tués s'ils avaient été encore à l'intérieur, et moi sans doute broyé entre les deux véhicules vu la violence de l'impact.

Une fois de plus nos anges gardiens étaient là pour nous protéger. Après l'expérience que j'avais vécue précédemment dans l'autre monde et celle qui venait de nous arriver, mes certitudes étaient totalement fondées sur la réalité d'un ailleurs et confortaient mes croyances vis à vis de nos protecteurs.

D'un autre côté, la soirée avait été complètement gâchée. Nous étions sous le choc de cet événement l'estomac noué. Nos amis en essayant de nous réconforter du mieux qu'ils le pouvaient nous ont finalement ramenés chez nous. Nous devions rassurer notre fille de quatre ans pour lui éviter un traumatisme. Ce soir là nous avions eu ce besoin de dormir tous ensemble. Ce bonheur intense qui vous transperce jusqu'au fond de l'âme. Se sentir l'un contre l'autre pour évacuer cette hantise qui vous glace les os, cette angoisse d'avoir pu en un instant voir notre vie basculer dans le malheur d'être séparés à tous jamais.

Après une nuit de sommeil agitée, le lendemain j'ai appelé l'assureur puis le dépanneur et notre pauvre voiture à fini sa course à la casse. Cela nous avait porté préjudice financièrement et psychologiquement, plus de moyen de transport pour aller travailler et toutes ces démarches à faire, l'expertise, le temps de toucher l'argent de l'assurance et de pouvoir retrouver une nouvelle voiture rapidement.

Le plus important c'est qu'il n'y avait eu que des dégâts matériels. Nous étions tous les quatre en bonne santé c'était le principal.

# Chapitre VII

De 30 à 35 ans.

Première apparition de fantômes.

Quatrième rencontre avec la mort.

Sorties du corps à la demande.

Je venais d'avoir 30 ans. Un an était passé depuis mon grand voyage astral. Ce jour-là, je travaillais du matin et il me restait une bonne partie de l'après-midi pour me reposer de ce métier épuisant.

De retour chez moi, j'aimais me poser sur la terrasse dans ma chaise longue avec une boisson fraîche et un bon livre. J'appréciais avec grand bonheur ces moments de détente après une journée passée à l'usine.

Je pouvais enfin respirer paisiblement à pleins poumons les parfums du jardin, bercé par le chant des oiseaux et profiter du soleil afin de me ressourcer aux premières chaleurs de l'été.

Quand soudain ! j'ai ressenti une présence qui venait de ma droite, alors j'ai tourné la tête et là! J'ai vu mon père qui venait me visiter, son image était vaporeuse et en même temps très nette.

Il n'avait pas changé depuis notre dernière rencontre, toujours avec ce sourire radieux et cette sérénité, que j'avais pu observer lors de notre communication astrale.

Il n'avait pas vieilli non plus, comme si le temps n'avait aucun impact sur son corps astral. Mais je gardais aussi dans ma mémoire, la vision de son visage lors de sa disparition, un point terrestre que je devais prendre en considération pour essayer de trouver une explication à ce phénomène.

J'étais stupéfait. Je me demandais si je n'avais pas projeté un hologramme issu de mes pensées, mais il semblait tellement réel que j'ai tout de suite écarté cette éventualité.

Il s'était matérialisé pour venir me rendre visite, me faire comprendre qu'il serait toujours près de moi pour me protéger dans les moments difficiles de la vie et surtout m'apporter une nouvelle fois la preuve que le fabuleux voyage que j'avais vécu dans l'autre monde n'était pas un rêve.

J'étais très heureux de le revoir. Il s'est approché de moi en flottant dans l'espace. Je sentais en moi monter un flot de bonheur et de sérénité. Il me rassurait simplement par sa présence. Puis immédiatement nous avons tous deux échangé des sourires.

Nous étions en symbiose savourant le plaisir de nous retrouver une fois de plus pour partager des moments de bien-être inoubliables. J'aurais voulu le serrer très fort dans mes bras et l'embrasser, mais bien entendu cela était impossible, puisqu'il n'avait plus d'enveloppe corporelle.

Soudain !
Les souvenirs du chemin que nous avions parcourus ensemble fusaient instantanément dans ma mémoire. Je ressentais intensément tous ces instants de plénitude et d'amour que nous avions eus pendant cette période astrale. Je revoyais également tout ce que j'avais vécu au cours de cette expérience, les êtres lumineux, les paysages féeriques, la ville de lumière, les maisons, les jardins, les fontaines, le couloir immaculé et l'amphithéâtre du savoir universel.

Tous ces sentiments et ces images défilaient dans ma tête en un éclair, c'était à la fois miraculeux et fantastique. Je me retrouvais en quelques secondes au cœur de mon fabuleux voyage que j'avais fait l'année précédente.

Pendant le temps de son apparition, il m'avait délivré un message très important.

Par transmission de pensée, il me demandait de prendre soin de sa mère, d'aller souvent lui rendre visite, car bientôt elle le rejoindrait dans l'au-delà. Cette rencontre ne dura que quelques instants, difficile à déterminer en terme de temps, puis il s'évapora comme par enchantement.

J'avais du mal à admettre cette situation avec ce message prémonitoire et pourtant, le décès se produisit comme il me l'avait prédit.

Effectivement le 29 octobre 1985 à l'âge de 88 ans ma grand-mère décéda à son tour pour aller rejoindre son fils et son époux.

Elle était hospitalisée depuis plusieurs années, suite à une chute accidentelle provoquée par son chien.

Elle avait eu le col du fémur cassé, les chirurgiens n'ont pas pu l'opérer, ses os étaient trop fragiles et friables et de ce fait, ils n'auraient pas supporté le poids d'une prothèse. Il est vrai qu'à l'époque ce matériel était très lourd et imposant.

De plus c'était une femme très mince et élancée ne pesant qu'une cinquantaine de kilos.

Deuxième problème, elle avait également subi un traumatisme crânien lors de cet accident, ce qui aggravait sa santé pour envisager une éventuelle guérison possible. Il était évident que selon son état et les diagnostics des médecins, elle semblait malheureusement destinée à finir sa vie dans un lit d'hôpital. Ce qui fût finalement le cas.

Lorsque j'allais la visiter, elle me confondait souvent avec mon père. Dans ses moments de lucidité, elle me demandait des nouvelles de son chien, de la famille et quand elle pourrait rentrer chez elle.

C'était pour moi très délicat. Je faisais de mon mieux pour la rassurer, car il n'était pas facile moralement de me mettre à la place de son fils.

Elle était alitée en permanence et devenait de plus en plus amaigrie et fatiguée. Ses fonctions vitales diminuaient de jour en jour, son regard n'exprimait plus que la souffrance et son cerveau délirait perdant à terme toutes ses capacités. Sa mort fut une libération pour son esprit et un soulagement pour son corps trop épuisé et prisonnier dans ce lit.

Elle n'a jamais su que son fils était mort avant elle. Je n'ai jamais eu le courage de lui dire. Au fond de moi je sentais que c'était mieux ainsi. Elle n'avait plus toute sa tête et je ne pouvais pas faire une telle chose, ajouter un autre malheur n'aurait fait qu'accentuer son mal être. C'est pour cette raison que je ne lui en ai jamais parlé. J'espère qu'aujourd'hui elle m'aura pardonné de ne pas lui avoir dit la vérité.

Par la suite je me suis mis à étudier les effets de sortie de corps. Je décidais de faire les premiers essais dans l'usine où j'étais employé. Je travaillais sur une machine outil, à faire toujours les mêmes gestes chaque jour, enclencher le même programme et surveiller le bon déroulement du cycle.
« C'était rébarbatif ».

J'exerçais simplement une concentration importante, similaire à la pratique du yoga et mon esprit se soulevait facilement comme en lévitation.

Je me trouvais à quelques centimètres au dessus de lui. C'était surprenant, je dirigeais mon corps comme un automate. Il me suffisait de penser à lui faire bouger un bras, une main ou un doigt, il m'obéissait aveuglément.

Je pouvais aussi le faire marcher ou s'asseoir, lui faire prendre les directions que je souhaitais cela se faisait automatiquement à ma convenance.

Je me servais de lui à la façon d'une marionnette, j'arrivais à contrôler mon cerveau par une pulsion de la pensée comme le simple fait de taper sur le clavier d'un ordinateur.

De plus je pouvais le programmer ce qui m'enlevait cette lourde contrainte journalière, les obligations d'un travail monotone et répétitif, pour gagner un maigre salaire. Utiliser son corps comme une machine ou un robot pour accomplir les tâches ennuyeuses de la vie courante, en préservant son bien-être sensoriel et spirituel, voilà une technologie qui semblait parfaite à faire rêver bien des chercheurs.

Tout en regardant mon corps en plein labeur, j'avais cette sensation de légèreté et de liberté où je pouvais laisser mon esprit vagabonder à des occupations plus passionnantes. Par contre je ne pouvais pas trop m'éloigner de lui car je devais garder une certaine distance pour ne pas sortir du champ magnétique qui nous reliait tous les deux.

Au cours de cette expérience, je me rendais compte que l'esprit est l'essence du corps, sans lui il ne peut pas vivre, contrairement à l'esprit qui n'a pas besoin du corps pour vivre.

Un phénomène que j'avais déjà constaté lors de mon grand voyage astral l'année précédente.

Il est vrai que pour arriver à ce stade de liberté permanente, l'esprit doit d'abord terminer toutes ses réincarnations corporelles pour être épuré de la matière. Il pourra enfin accéder à ce niveau de lumière éternelle, cette délivrance de l'âme qui peut désormais bénéficier de toutes ses facultés intimes et profondes, sans aucune entrave ni obstacle.

En ce qui me concerne je n'ai pas encore atteint aujourd'hui cette maturité spirituelle. Même si j'ai acquis cette capacité de pouvoir faire des voyages astraux, mon esprit doit impérativement réintégrer mon corps après chaque sortie car il n'est pas encore suffisamment purifié pour être totalement libre.

Puis, je me suis mis à pratiquer des décorporations le soir dans mon lit. La différence avec mes essais à l'usine, c'est que je pouvais laisser mon corps se reposer tranquillement pendant que j'allais visiter des villes, rencontrer d'autres êtres ou bien voyager dans la campagne, à la montagne, au bord de la mer.

Un autre phénomène survint lors de mes sorties astrales, le fait que je sois toujours resté entre ciel et terre, de ne pas avoir franchi le cap des nuages comme la dernière fois pour accéder au monde de lumière.

Je devais acquérir plus d'expérience avant de pouvoir explorer seul l'autre monde. Car il est vrai que précédemment dans mon grand voyage, ce sont les êtres chers disparus qui m'avaient servi de guide. Sans eux, j'aurais été complètement désorienté dans cet endroit étrange et mystérieux.

Un soir alors que je partais pour une nouvelle tentative, j'ai vu au-dessus de moi mes enfants qui me repoussaient dans mon corps de toute leur force comme s'ils pressentaient un danger imminent.

Je devais tenir compte de ce message télépathique que nous avions eu cette nuit là.

Il faut savoir que cette pratique comporte de grands risques. Au cours de ces voyages, on rencontre des esprits bénéfiques qui nous apportent leur soutien, nous aident dans cet apprentissage à évoluer et progresser pour mieux nous diriger et contrôler cet état de corps astral.

Mais il y a aussi des esprits maléfiques. Ils profitent de notre manque d'expérience pour essayer de nous dérouter et nous faire errer dans le temps. Ils sont capables de nous empêcher de réintégrer notre corps terrestre afin qu'il dépérisse jusqu'à en trouver la mort et même s'ils le veulent, pouvoir prendre notre place.

Effectivement au cours de l'une de mes sorties, j'avais été pris en chasse par une bande d'esprits malveillants. Ils agissent comme des loubards dans les villes profitant des rues sombres. Ils encerclent la personne pour la provoquer avec des paroles et des actes violents l'entraînant dans une rixe.

Ce soir là, j'étais entouré par plusieurs êtres maléfiques et dangereux. Ils m'insufflaient des pensées négatives, en me montrant des images horribles abordant des sourires diaboliques tout en m'encerclant. Ils réussissaient à me déstabiliser et désorienter pour me détourner de mon itinéraire.

Pendant quelques instants j'étais complètement étourdi par ces pensées et ces visions atroces, c'était insupportable. J'étais prêt à m'évanouir, j'avais à ce moment précis encore des réactions corporelles.

Je ne savais pas comment j'allais sortir de cette situation difficile. Puis, tout à coup, j'aperçus au loin une lumière qui m'attira. Sans réfléchir je m'y précipitais. Comme par enchantement toutes les actions néfastes au fur et à mesure s'effaçaient autour de moi.

Progressivement, j'ai retrouvé mon chemin guidé par cette lueur et puis j'ai réintégré mon corps. Il est certain que mon ange gardien était bien là m'apportant cette lumière pour me sauver. Grâce à lui mon retour était éclairé et je pus revenir à mon point de départ.

Cette nuit là, je connus la plus grande frayeur de ma vie. Cette peur où l'effroi vous envahit et vous glace jusqu'à la plus infime partie de votre intimité dans le plus profond de l'âme. La terreur d'errer dans le temps sans jamais revoir ma famille ou pouvoir accéder un jour à la lumière éternelle. Peur qu'un mauvais esprit prenne possession de mon corps pour tourmenter mes proches. Peur de ne plus jamais être en communion avec mon état charnel actuel où j'avais encore beaucoup à apprendre et à partager pour évoluer spirituellement.

J'étais complètement apaisé que mon esprit ait réintégré mon corps. Puis j'ai prié pour remercier mon ange gardien de la bénédiction divine qu'il m'avait apportée pour me sortir de ce mauvais pas. Sans sa précieuse aide, je me serais perdu dans cet espace, car je n'étais pas suffisamment expérimenté dans ce domaine pour réussir tout seul.

Alors ayant pris conscience du message d'alerte de mes enfants et après avoir bien réfléchi sur les risques importants encourus lors de ces expériences, j'ai décidé de tout arrêter à partir de ces instants.

# Chapitre VIII

De 36 à 41 ans.

Nouvelle présence de l'ange gardien.

Initiation à la cartomancie.

Réflexion sur le troisième point.

C'était un début d'après midi, en rentrant du travail. Je me trouvais sur la file médiane de l'autoroute. La circulation était assez importante et devant moi une 4L fourgonnette roulait à petite allure. Elle était visiblement très chargée tanguant dangereusement de gauche à droite.

Au bout de quelques kilomètres je commençais à m'impatienter derrière ce véhicule qui avançait comme un escargot.

Après plusieurs tentatives, impossible de le dépasser. Sur la file de gauche, il y avait beaucoup trop de monde et bien sûr personne ne voulait céder sa place.

Je décidais alors de doubler par la droite mais au moment où je m'apprêtais à le faire, un phénomène étrange se produisît. En un flash, je vis la voiture faire des tonneaux par la droite.

Ma réaction fut immédiate, mon pied se dirigea instinctivement sur la pédale de frein et effectivement quelques secondes après, le véhicule se mit à faire plusieurs roulades pour finir sa course folle sur le bas côté de la route.

Je me suis arrêté le conducteur n'avait rien, juste quelques égratignures une chance pour lui, mais la camionnette était fortement endommagée, c'était un plombier qui transportait des radiateurs en fonte.

Ce jour-là, mon ange gardien était de nouveau bien présent pour me montrer l'accident avant qu'il arrive. Une fois de plus, j'aurais pu être grièvement blessé ou même mort.

Il m'avait encore sauvé la vie. Mais cette fois-ci c'était avec l'apparition d'une image pour me faire réagir rapidement sans avoir le temps de me poser aucune question, ne pas réfléchir mais agir. La réaction devait être instantanée.
« L'instinct de survie ».

Donc il était important pour moi de noter que les messages peuvent arriver sous différentes formes, par écrits, par pensées, par la voix ou bien visuels.

Dès-lors, je me suis mis à étudier les cartes de voyance. Mon choix s'est porté sur les oracles
« Belline » du fait déjà dans un premier temps de sa présentation.

Il existe depuis plus d'un siècle. Le grand voyant « Edmond » l'a illustré au siècle dernier, les dessins un peu naïfs sont très attirants par leur simplicité et leur couleur. C'est un autre grand voyant « Belline » qui a eu le mérite de le faire sortir de son injuste oubli.

Ce jeu divinatoire est limpide dans sa lecture et doit être étudié avec le cœur. La profonde sagesse qui émane de chacune de ses lames apporte des conseils immédiats pour le présent et l'avenir.

Mais ce qui est surprenant c'est la précision de ces cartes. Quand le consultant les tire, elles s'ouvrent exactement à l'endroit de la question qui le préoccupe et la réponse est là naturellement sans détour. C'est instantané et efficace. Même en tant que voyant, on est subjugué de la spontanéité de ce jeu dans sa clarté absolue. De plus, il a une autre particularité, on peut le consulter tous les jours avec une carte mère et une carte fille. Ce que l'on appelle la cause à effet. Ce sont les sentences sibyllines. Il suffit de poser une question simple pour savoir comment va se passer notre journée dans la vie courante ou au travail.

Surnommé « Le prince des voyants » Marcel Belline reste sans contexte l'un des plus grands médiums XXème siècle. Né en 1924, issu d'une famille bourgeoise, il se passionne dès son plus jeune âge pour l'histoire et devient un véritable amateur d'antiquité.

Après avoir terminé ses études secondaires à l'âge de 16 ans, il se lance vers les négoces d'objets d'arts. Dans sa quête il découvre dans un grenier un « Essai de chiromancie moderne » Un ouvrage signé Jean des Vignes Rouges.

Le destin lui indique un nouveau chemin marqué d'expériences extraordinaires celle d'un voyant à la recherche du futur.

En seulement quelques mois, il devient un spécialiste de l'interprétation des lignes de la main et poursuit ses recherches dans les arts divinatoires, chiromancie, numérologie, tarologie, graphologie, astrologie.

En 1955 il ouvre son cabinet dans un immeuble situé au 45 rue Fontaine dans le IXème arrondissement. Il s'agit de l'endroit où vécut Mathias Villiers de L'Isle Adam «Un génie visionnaire » une bien étrange coïncidence.

A noter un fait important, les tirages de cartes doivent être gratuits. C'est un don du ciel qui sert à aider son prochain spirituellement, ce que nous pouvons constater dans l'échelle des esprits pour lesquels le but est « D'aimer son prochain comme soi-même » C'est une question de moralité. Ces voyances ne doivent pas être monnayées sous peine de sanctions par la justice éternelle. D'ailleurs certains charlatans en ont déjà fait les frais.

Donc on ne peut en aucun cas demander une rétribution au consultant, sauf si celui-ci décide de vous offrir un cadeau pour le travail accompli. Là c'est différent, dans ce contexte cela devient un partage.

Au terme de cette initiation, des réflexions fusaient dans ma tête, cette relation que j'appellerai le troisième point. Ce fil conducteur qui lie le corps avec l'esprit et toute forme de création existante dans la nature et l'univers formant « Le triangle universel ».

Quand la vie et la mort s'unissent pour gravir ensemble vers « Être ». Des pensées que je viens vous faire partager.

Le mal sans le bien n'existerait pas, le bien sans le mal ne saurait être défini.

Guérir c'est trouver le remède au cœur du mal pour apporter le bien. L'un et l'autre ne sont pas dissociés, il faut juste les discerner.

Deux pôles sont inversés et en même temps se trouvent soudés, ils s'attirent par leur opposé pour créer un ensemble, le champ magnétique.

Le moins peut le plus, comme le plus peut le moins.

Une chose ne peut être définie que par son opposé sans qu'il puisse s'identifier à elle.

Il n'est d'extrême que dans les extrêmes, la sagesse est d'en comprendre le juste milieu.

Il faut savoir donner autant que recevoir. Dans chaque cas, la difficulté peut être identique.

Un être sain chez les fous peut le devenir comme un être fou chez les sains peut guérir, il faut juste définir où se trouve la raison qui s'oppose à la folie.

Prendre en considération la réalité c'est prendre aussi celle de l'irréalité, les deux sont liées dans un ensemble.

Deux êtres opposés cherchent toujours à se rapprocher, ce qui forme un tout dans un juste milieu par l'harmonie qui les lie. C'est leur différence voulant accéder au même niveau en gardant leur distinction qui crée le vrai partage.

Tendre vers l'extérieur ce qui est à l'intérieur, c'est lier à un ensemble sa personnalité. Être soi-même à l'égard des autres c'est amener les autres à l'égard de soi. Le respect mutuel passe par le respect de soi et crée un respect global dans sa diversité.

Vouloir faire naître les choses au même niveau, c'est accepter seulement une forme d'idée correspondant uniquement à la sienne sans pouvoir s'ouvrir aux autres extérieurs bannis par un égocentrisme. Ne pas admettre ces différences nous entraîne dans le conformisme.

Comprendre que l'immatériel ne peut devenir matériel, c'est accéder à l'équilibre universel.

La philosophie ne s'apprend pas. On l'étudie avec le cœur et l'âme. De ce fait, on devient accessible à toutes formes naturelles et surnaturelles, essentielles à l'homme pour progresser dans sa vie future.

Ressentir chaque parcelle de soi, c'est ressentir son entier en une parcelle d'être. Ressentir chaque être, c'est ressentir un ensemble de parcelles.

Le point d'élévation, c'est l'ensemble de parcelles et de sous-parcelles. Elles s'unissent dans la diversité pour créer un tout gardant ses qualités propres. Ne pas en saisir chaque unité, c'est refuser la progression.

Accéder à l'inconscient, c'est en prendre conscience pour évoluer vers la dualité où l'inconscient et le conscient s'équilibrent par
le supra-conscient. Les trois points du triangle étant réunis, l'accession à d'autres unités est indéfinie. Vouloir entraver les lois de l'univers qui régissent nos capacités d'évolution par rapport à nos propres principes aboutirait à un échec. Nous pourrions en comprendre les conséquences trop tard, ce qui nous amènerait à des sources d'erreurs.

On ne peut accéder à un point d'élévation sans en avoir construit des bases solides qui tendent à joindre chaque parcelle de deux opposés, matériels ou immatériels, pour créer un ensemble qui doit trouver sa place dans la chaîne de l'évolution.

Amener les êtres à créer en gardant l'équilibre des deux opposés c'est déjà comprendre une des lois de la nature, préservant ces valeurs pour conserver son entier. Seule façon d'accéder au troisième point, celui de l'élévation qui crée l'équilibre.

C'est la réalisation qui est issue du point de la réflexion et de celui de l'action. La seule possibilité d'un aboutissement dans un juste équilibre.

Créer sans prendre en considération l'harmonie de deux choses qui s'unissent pour évoluer ensemble en un seul point, part en déséquilibre dans un espace temps.

Deux parallèles gravitent ensemble à la même vitesse pour atteindre un même niveau le troisième point, étant toujours à la fois opposées et unies. Si l'une dépassait l'autre, on ne pourrait plus les définir comme telles. Elles deviendraient droites, allant toujours dans la même direction, étant toujours elles-mêmes discernées, mais dissociées de leur unité qui les rende parallèles.

Prendre en considération que l'un ne peut graviter sans l'autre, c'est déterminer la valeur de cet état d'être.

La folie pouvant dépasser la raison et vice versa, prouve que les deux existent et créent un rapport par leur différence à un niveau de réflexion.

Niveau de réflexion où l'on doit considérer l'irréel et le réel, l'inconscient et le conscient étant apte à leur apporter des termes pour les différencier où on ne peut nier leurs existence. Absurde celui qui n'accepte que l'un ou l'autre, soit par orgueil ou par vanité, il ne peut qu'avancer dans l'erreur et ne pourra jamais atteindre profondément le troisième point en ne voulant considérer qu'une partie de son existence. Son évolution n'en sera que retardée.

Enfreindre l'ordre, c'est passer par le désordre, mais l'ordre abusif peut engendrer le désordre absolu.

Il n'y a que la réflexion pour établir la juste valeur régie par la loi d'une justice éternelle. Le progrès ne doit pas faire évoluer une chose pour en détruire une autre. Suivant les lois universelles, cette chose se détruirait à son tour.

# Chapitre IX

De 42 à 47 ans.

Interprétation de mes cycles de vie.

Autres messages de l'au-delà.

Passage à l'an 2000.

Accident dans le sud.

Je m'apercevais au fil du temps, que mon chemin de vie était défini par des cycles de 21 ans, avec précisément le mois de ma naissance. Était-ce mon horloge spirituelle ?

Ma naissance, le 20 Juin 1953, 21 ans de vie avec mes parents.

Mon mariage, le 29 Juin 1974, 21 ans de vie commune avec mon épouse.

Mon divorce le 28 juin 1995, à l'âge de 42 ans exactement. Soit 21 ans après à un jour près. Je démarrais mon troisième cycle de vie.

Tout semblait bien être réglé et déterminé à l'avance. Je me retrouvais à chaque fois dans des situations différentes où une page de mon parchemin était tournée. Il m'était impossible de faire marche arrière, car tout ce que j'avais vécu auparavant représentait des épreuves.

Je devais les surmonter afin de m'améliorer et de me faire évoluer vers le véritable destin que j'avais choisi avant de naître. Je partais donc à l'aventure pour découvrir cette troisième phase d'existence.

Cela peut ressembler à des réincarnations sous-jacentes, dans une même vie agissant comme des nouvelles naissances.

Mais la différence dans ce cas, c'est que les souvenirs sont en mémoire active, on peut effectivement les consulter facilement à ce niveau d'existence. Contrairement à ceux d'une vie antérieure qui sont en mémoire passive, plus difficilement accessibles, pour lesquels malgré tout, nous avons la possibilité de pouvoir accéder afin de les retrouver et les définir. Soit par le biais, des rêves ou sous hypnose.

Selon mon analyse je suis certain que nous sommes en quelque sorte programmés, que nous vivons à travers des cycles pour nous aider à comprendre et nous faire évoluer dans l'existence. Tout comme les saisons, la nature, notre terre et l'univers sont constitués de la même façon.

D'un commun accord avec mon épouse nous avions décidé de divorcer. Nos chemins se séparaient après vingt et un ans de vie de couple, nous avons su garder une bonne relation d'amitié. De plus la souffrance subie par les enfants s'en est trouvée atténuée.

Nous avons choisi de les élever en garde alternée. Je n'aurais jamais supporté de les avoir simplement que deux week-ends par mois. Notre solution commune me permettait de les voir grandir et de les élever aussi avec mes valeurs.

Notre maison vendue, je devais trouver à me loger rapidement. Pour ma part, j'avais rencontré une femme mère, de deux enfants. Ayant finalement obtenu un appartement en location, nous nous sommes mis en ménage.

Une nouvelle vie commençait. Au début je n'étais pas très à l'aise, les souvenirs me revenaient en mémoire et je me culpabilisais d'avoir entraîné mes enfants dans cette situation. Comment allaient-ils vivre cette nouvelle existence ? J'eus rapidement la réponse à ma question.

La personne avec qui je m'étais installé avait beaucoup de mal à accepter la présence de mes enfants. Cela renforçait l'idée que dans les familles recomposées ce genre de problème est fréquent. D'ailleurs ma fille l'avait vite compris. Le courant ne passait pas du tout à l'égard de cette femme et, elle a choisi de retourner vivre en totalité chez sa mère.

Petit à petit, je devenais plus taciturne. Je n'avais plus l'entrain joyeux d'avant. Cette femme était très souvent négative et je sentais qu'elle absorbait toute mon énergie positive. Les disputes étaient de plus en plus fréquentes. Je me sentais basculer dans la partie passive de mon être. Elle cherchait à m'éloigner de tous les proches qui m'entouraient. De tous mes amis, elle n'en aimait aucun.

A cette époque j'avais rencontré un ami hindou s'appelant Yogi. Il tenait une petite boutique de bijoux à l'entrée d'un grand magasin. Je passais beaucoup de temps avec lui à parler et jouer aux échecs.

Cet homme avait des dons de voyance avec une grande spiritualité. Il arrivait à percevoir non seulement en observant la personne par rapport à son physique, son signe astrologique, mais il parvenait aussi à discerner le caractère réel dissimulé derrière le miroir de l'être.

La première fois que je lui ai présenté ma compagne il a aussitôt capté sa face cachée. Elle s'est sentie en quelques secondes déstabilisée et gênée, son visage s'est refermé exprimant une certaine colère intérieure.

Elle enrageait d'avoir été découverte si facilement par cet inconnu et, à partir de là, elle est rentrée rapidement dans le magasin sans prendre le temps de lui dire au revoir ni de m'attendre.

A mon grand étonnement, j'ai trouvé cette attitude étrange et je m'en suis inquiété en posant des questions auprès de Yogi : « Mais ça veut dire quoi ? Que se passe t-il ? ».

Sa réponse était claire, il m'a dit : « Attention à toi c'est une mante religieuse, petit à petit elle va se nourrir de ton âme pour t'emporter jusqu'aux portes de l'enfer ». Je pensais qu'il exagérait. Pourtant au fil du temps de ma vie auprès d'elle, la réflexion de mon ami s'avérait exacte.

De nouveau nos disputes devenaient de plus en plus violentes et malsaines. Je me sentais sombrer dans un mal être indescriptible. J'entendais vibrer dans ma tête les paroles de mon ami.

Mon fils vivait très mal cette situation, il ne supportait pas cette ambiance. Pour preuve il ne chantait plus sous la douche comme à son habitude.

Sur les trois ans de vie commune si l'on puis dire, ma compagne déménageait tous les ans retournant chez son époux. Puis elle revenait au bout de quelques semaines pour se faire pardonner.

Alors je craquais comme à chaque fois, elle se réinstallait dans l'appartement et comme on dit souvent, tout s'arrange sur l'oreiller mais je n'en suis pas si sûr que cela, dans certaines circonstances graves, il n'y a plus d'issue.

Le gardien de l'immeuble voyant tout ce va-et-vient voulait comme tout concierge qui se respecte, s'occuper avant tout de la vie des autres plutôt que de la sienne. Il désirait savoir à quoi rimait tout ce manège.

Il m'avait arrêté un matin alors que je partais au travail pour me poser des questions.

Sa curiosité fut mise à rude épreuve, car je lui ai répondu avec un ton ironique agrémenté d'un humour noir : « Tu sais, le matin et le soir les gens promènent leur chien pour leurs besoins naturels et bien nous c'est les meubles pour les aérer ».

Ma vie était devenue un enfer. Après de multiples allers et retours chez son ex-mari, je la sommais de partir définitivement. Je suis resté seul dans l'appartement avec mon fils. De nouveau à ma grande surprise, j'ai entendu sa voix dans la salle de bain. Il s'était remis à chanter à pleins poumons, le calme était revenu. Quel bonheur !

Dans la semaine qui suivit, je reçus des messages écrits venus de l'autre monde pour m'aider à commencer une nouvelle vie. J'avais un courrier de ma banque me demandant de restituer ma carte bleue pour une nouvelle car l'intitulé publicitaire avait changé.

En les lisant, je me suis rendu compte qu'il y avait effectivement un phénomène étrange correspondant à ce que je venais de vivre puis à ce qui m'attendait. Celle que je possédais s'appelait : « Présence ». Quand je pris l'autre j'étais stupéfait, elle se nommait : « Esprit libre ». Je suis sorti de l'agence un peu perturbé, je réfléchissais à ces messages que le ciel m'avait envoyés à un moment très précis de mon existence. Cela pouvait paraître incroyable et pourtant c'était complètement cohérent dans ma situation actuelle.

En marchant la tête dans mes pensées, je me suis retrouvé sur la grande place du marché de ma ville, d'un seul coup je me suis arrêté devant un magasin de chaussures.

J'ai senti ce besoin intense de regarder l'enseigne, chose à laquelle je n'avais jamais prêté attention auparavant. Il était écrit : « Les pieds sur terre » alors là, je me suis dis : « Celui-ci, c'est le clou de la journée ». Puis j'ai levé les yeux au ciel en remerciant les êtres de lumière avec un grand sourire de satisfaction. Les passants m'avaient sans doute pris pour un illuminé, mais peu importe, personne au grand jamais personne ne pouvait savoir ce qui venait de m'arriver.

Peu de temps après, mon quotidien s'est amélioré, j'avais changé de quartier pour emménager dans un nouvel appartement.Dans ce nouveau logement où je m'étais installé avec mon fils, nous avions enfin retrouvé la paix et la sérénité. Je sentais revenir au fur et à mesure, cette énergie positive qui m'avait manqué depuis trop longtemps. C'était à la fois une libération physique et spirituelle où la vie reprenait son cours dans des conditions normales vers un avenir beaucoup plus bénéfique.

Aujourd'hui dans l'ère du verseau, il y a eu l'arrivée du changement de millénaire, une chance inouïe dans une vie d'être là pour profiter de ce passage.

Cette naissance nouvelle éclairait tous les espoirs pour faire progresser l'humanité vers un réel néologisme, où le vrai partage, le respect d'autrui, le sens de la créativité, les valeurs morales et spirituelles, devront être menés à terme pour que les êtres évoluent dans un meilleur avenir.

Cet événement exceptionnel et inoubliable m'a inspiré une poésie et quelques pensées philosophiques; cette présence que je ressens profondément au fond de mon être et de mon âme, que je viens vous présenter humblement aujourd'hui.

# L'AN DEUX MILLE

Pour vivre une ère nouvelle embaumée de soleil

Magie d'une année qui s'éteint
Quand la nuit laisse au matin
Briller le soleil dans un ciel d'azur
Pour que notre regard soit plus pur

Sentir la brise légère
D'un nouveau millénaire
Qui efface tous nos chagrins
Et nous apporte d'autres parfums

Laisser entrer la lumière
Pour éclairer notre rivière
Et caresser nos espérances
D'une nouvelle année qui commence

Sécher nos larmes de rosée
Laisser couler dans nos pensées
Tout un flot de bonheur
Comme un torrent dans notre cœur

Fleur d'une nouvelle naissance
Embaume-nous de tes essences
Pour récolter les fruits subtils
Dans nos jardins de l'an deux mille.

Passer, aujourd'hui l'an deux mille, pour voir le côté pile et ne plus se voiler la face sur un jour nouveau qui se trace.

L'espoir de toute une vie où chaque instant qui surgit pourra faire enfin renaître, le bonheur sur notre planète.

Sentir la présence d'une nouvelle ère pour chaque être qui espère, oublier et pardonner les larmes de son passé, simplement se prendre la main, marcher sur un nouveau chemin pour partager tout notre amour avec tous ceux qui nous entourent et partir le cœur serein vers le destin de l'an deux mille.

L'an deux mille, pour éprouver ce moment de bonheur, qui vient frapper notre cœur, pouvoir s'aimer en harmonie, libre dans nos corps et nos esprits.

Pour ne plus voir que l'absence, comprendre enfin nos différences, pour prendre conscience d'un passé d'inconscience où ton être figé aux aimants de la terre s'envole soudain dans une brise légère vers un nouveau millénaire.

Si tu crois en toi, oublie tes chimères, oublie ta misère, regarde l'univers et observe les sphères. Ta vie est passagère remplis-là de mystères, ne reste pas figé, tu te dis on m'enterre et au bout du désert une vie en enfer. Elle est entre tes mains, cherche à la percevoir, à lui donner l'espoir d'un avenir subtil dans les jardins fragiles de l'ère de l'an deux mille.

Tu sens l'étrange où apparaît dans ton être bien des secrets, l'imagination qui s'anime dans ton esprit qui se devine, il subit ton influence à chaque instant où tu penses et ce jour tu peux regarder toute ta vie dans sa clarté.

C'est à toi de le guider vers la voie qu'il t'a tracée. Au fond de toi est immense le reflet de sa puissance, tu ne vois pas son apparence, tu en as seulement pris connaissance. Il ne cherche que la vérité au plus profond de son silence.

Il est né de l'innocence et de toutes les espérances. Ce jour qui commence t'apportera les fleurs subtiles pour traverser le pont de l'an deux mille.

Tu ne vois que l'espoir qui brille dans ton regard. Tu viens d'apercevoir l'envers de ton miroir, une simple réalité qui se trouvait cachée, derrière des vérités pour te faire oublier. Tu te plonges dans l'absence, te confonds dans l'insouciance, seul un profond silence te remplit d'espérance.

Tu restes sans voix d'avoir perdu ta foi dans un moment d'émoi tu retrouves ta voie. Ta vie quand tu la penses elle te donne le sens et toutes les apparences sur ta vraie existence.

Un regard échappé t'apporte la vérité et d'un seul coup de lame dévoile toute ton âme où tu fuis un temps futile à l'aube de l'an deux mille.

La lumière tourbillonne au-dessus de ta tête, dans une brise légère tendre et fluette, ouvre un peu ta fenêtre si tu veux qu'elle y pénètre.

Oublie tes tourments, tes angoisses, tes facettes, oublie-toi un instant sans que le monde s'arrête. Laisse entrer la lumière elle te fera renaître, éclairer un chemin à l'intérieur peut-être. La clarté qu'elle te donne te laisse apparaître la véritable vie que tu as dans ton être.

Regarde à l'intérieur de toi si tu ne veux pas disparaître. Regarde à l'extérieur de toi si tu veux apparaître, dans l'étincelle de vie où tu te projettes.

Aujourd'hui viennent à paraître des couleurs infinies, l'an deux mille vient de naître.

Je me rendais compte au cours de mon existence qu'il était très important de ne jamais oublier que nous sommes en contact permanent avec l'au-delà.

Si l'on prend soin d'écouter attentivement nos anges gardiens et de bien regarder les situations qui se présentent à nous, ils nous guident vers notre meilleur chemin.

D'ailleurs il m'est arrivé une mauvaise histoire parce que je n'avais pas suffisamment bien écouté et observé ce jour là.

J'étais en vacances chez mon frère dans le sud, en Camargue. J'entamais tout juste ma première semaine de congé, c'était par un bel après-midi d'été sous un soleil torride en plein mois d'août.

Je me relaxais tranquillement dans sa piscine où la fraîcheur de l'eau me procurait un grand bien-être jusqu'au point de m'endormir, quand soudain j'ai sursauté dans mon demi sommeil. J'entendais les voix de ma belle-sœur et de mon neveu m'appeler.

Ils m'invitaient à les accompagner pour aller visiter de la famille vivant dans un village voisin. La chaleur était tellement intense, que je préférais rester au calme dans l'eau bien fraîche. Je leur dis d'un ton décisif :
« Non, Non je préfère rester ici ». De plus un pressentiment m'indiquait de ne pas sortir ce jour-là. Soudain, j'ai senti monté une angoisse. Une sensation étrange, une sorte de mal-être intérieur. Cette phrase affirmative résonnait dans ma tête, j'avais l'impression que ces mots agissaient comme une réaction intuitive dans mon esprit.

Ce phénomène n'a duré que quelques secondes. Cela m'arrive quelquefois lorsque j'ai des prémonitions. Mais cette fois-ci, je n'ai pas pris le temps d'analyser ni de définir si c'était réellement bon ou mauvais, influencé par ma famille impatiente de partir.

Puis à force d'insistance de leur part et comme je les voyais assez mécontents de ma réponse, ils ont fini malgré tout par me culpabiliser et finalement j'ai accepté de venir avec eux.

Mon neveu possédait une camionnette «Citroën» qui lui servait à transporter son cheval. Dans la cabine, il y avait une banquette à trois places. Ma belle-sœur voulait absolument que je m'assoie au milieu, j'ai refusé et lui ai dit en plaisantant :
« Non toi tu seras mieux au centre plutôt qu'à la place du mort, on ne sait jamais »

Durant le voyage je n'étais pas très à l'aise. A nouveau je ressentais des angoisses. Je respirais difficilement à la limite de faire un malaise. Mais je me disais : « C'est peut-être à cause de la chaleur insupportable et suffocante, puis sûrement aussi cette eau agréablement bien fraîche qui me manque ».

Car il est vrai que dans son véhicule il faisait une chaleur d'enfer. Les vitres étaient ouvertes pour avoir un peu d'air, mais le souffle du vent qui venait sillonner nos visages était sec et brûlant, ce qui nous faisait transpirer à grosses gouttes. Bien évidemment il n'y avait pas de climatisation dans ce genre d'engin trop ancien.

Cela faisait à peine une dizaines de minutes que nous roulions. Il y avait beaucoup de circulation , de plus, toutes les odeurs de gaz d'échappements lâchées par les véhicules remontaient jusqu'à nos narines. Voyager dans ces conditions, n'était pas vraiment joyeux.

Nous étions en haut d'une côte près à aborder la descente, quand soudain une voiture roulant à vive allure se trouva face à nous. Elle venait de doubler un camion après avoir franchi une ligne blanche continue.

Mon neveu instinctivement se mit à freiner d'un coup sec, presque debout sur la pédale, le véhicule fut touché à l'arrière perdant seulement une baguette de portière, mais le chauffard fou et dangereux ne s'est pas arrêté continuant sa course effrénée. Ensuite tout est allé très vite, notre camionnette fit une embardée pour se retrouver sur l'autre voie de circulation. C'est alors que j'ai vu un énorme camion arriver droit sur nous, le chauffeur ayant pris conscience de l'accident qui allait arriver avait commencé à freiner. Les pneus crissaient sur l'asphalte chaud, mais il était déjà trop tard, le véhicule est venu nous percuter sur mon côté droit. A ce moment précis, j'ai vu toute la scène au ralenti, j'ai eu le temps de pousser ma belle-sœur sur son fils.

Puis d'un seul coup le pare-brise a volé en éclats, je voyais les morceaux de verre flotter dans l'espace, mon neveu et ma belle sœur étaient déjà couchés sur la banquette, je me suis protégé le visage avec mes mains en me penchant sur eux. Puis j'ai entendu la portière se faire broyer, le montant de la porte s'est déformé et est venu me taper violemment dans le dos, en même temps j'ai senti mon pied droit glisser de ma sandale et je me suis retrouvé complètement allongé sur ma belle-sœur et mon neveu.

La camionnette a glissé sur plusieurs mètres mais par chance ne s'est pas retournée. Les secours sont arrivés rapidement et nous ont transportés à l'hôpital. Après les examens médicaux, les médecins nous ont donné leurs diagnostics. Ma belle-sœur avait trois côtes cassées, mon neveu un genou ouvert mais pas de fracture et moi l'omoplate droite fracturée dans le sens de la longueur, un doigt de pied ouvert et la jambe droite avec des chairs déchirées à plusieurs endroits par des morceaux de métal.
Ce jour-là, dans notre malheur nous avions eu de la chance, Cet accident aurait pu être beaucoup plus grave. Le fait aussi que le cheval n'était pas avec nous, car sa masse et son poids auraient sans doute crée un impact beaucoup plus important.

Finalement j'ai du prolonger mon séjour de deux mois, pour les soins et le suivi médical, avec un bras en écharpe et une jambe en piteux état. Je me posais sur la terrasse toute la journée, je n'avais plus que cela à faire, me reposer et profiter quand même de ces vacances d'été qui avaient vraiment mal débuté.

Dans la semaine qui suivit, des gendarmes sont venus à la maison, le fou du volant avait été poursuivi. Ils venaient nous signaler qu'une personne qui avait assisté à l'accident, avait pris en chasse le chauffard et relevé le numéro d'immatriculation de son véhicule. Il s'est avéré que c'était un inspecteur de police en civil, bel exemple que nous montrait ce représentant de la loi, vu la brochette d'infractions qu'il avait commises. Excès de vitesse, franchissement d'une ligne blanche en côte sans visibilité, délit de fuite après avoir provoqué un carambolage et non assistance à personne en danger. De plus, le camion qui nous avait percutés était un véhicule militaire, nous avons porté plainte bien sûr, mais la maréchaussée nous avait prévenus que l'affaire allait être difficile. Nous étions entre deux feux du même ministère « Celui de l'intérieur » de plus cet homme avait beaucoup de relations bien placées.

Effectivement lors des passages aux tribunaux, il ne s'est jamais présenté changeant plusieurs fois d'avocat pour noyer l'affaire. De ce fait les charges contre lui ont été amoindries, nous avons appris par la suite qu'il avait été simplement muté sans aucune amende ni retrait de permis.

« Bravo la justice ! ».

Il est sûr que si l'un de nous avait fait la même chose, il se serait retrouvé derrière les barreaux à manger des oranges jusqu'à Noël, avec en prime une amende dépassant l'entendement. Durant mon séjour forcé au soleil du midi, j'avais le temps de réfléchir aux circonstances qui nous avaient emmenés là. Dans un premier temps je ne voulais pas partir avec eux, cette intuition que j'avais eue à travers cette phrase me disait de ne pas bouger, un pressentiment que j'aurais dû écouter et suivre à la lettre. S'ils n'avaient pas eu ce besoin de m'attendre, ils seraient sans doute partis plus tôt et auraient évité sûrement cet accident. Et puis le fait que j'avais dis à ma belle-sœur de se mettre au centre était prémonitoire, car c'est une femme fragile physiquement, ne pesant pas plus de cinquante kilos et si elle avait été à ma place, sa réaction aurait sans doute été différente de la mienne au moment de l'impact. Elle se serait retrouvée plus gravement blessée où peut être même tuée, compte tenu de la violence du choc.

Dans la vie nous avons toujours le libre arbitre du choix de nos actes, mais des êtres de lumière sont là pour nous guider afin de nous détourner d'une décision qui serait source d'erreurs ou de drames. Nous devons donc rester en permanence attentifs et réceptifs à leurs actions pour prendre en considération leurs conseils bienfaiteurs. Le choix que j'avais fait « Ce jour là ! » était mauvais, n'ayant pas tenu compte de l'importance du message, mais le destin nous a malgré tout aidés à éviter le pire.

Mon neveu avait ramené la camionnette à la maison familiale. Elle roulait encore clopin-clopant, mais malheureusement son châssis était complètement faussé et vu son grand âge, après la conclusion de l'expertise, le prix des réparations dépassait celui du véhicule, sa dernière destination fut donc, la casse. Je suis allé regarder l'état du véhicule. Tout le côté passager était dans un état lamentable. J'ai remarqué dans le bas de la portière que ma claquette était coincée complètement broyée dans cet amas de ferraille disloqué. J'avais eu de la chance car mon pied avait glissé au moment de l'impact. Si j'avais porté des chaussures ce serait aujourd'hui une partie de ma jambe qui serait déchiquetée au milieu de tout ce débris de métal.

Mon ange gardien était là une fois de plus pour me protéger physiquement et moralement. Car j'aurais pu me retrouver handicapé en parti d'un membre, mais il me connaît spirituellement depuis la nuit des temps. Il savait déjà que je n'aurai peut-être pas supporté psychologiquement cet état d'être. De retour chez moi je me disais que ces vacances mouvementées avaient servi à me rafraîchir la mémoire, cette phase négative fut finalement ensuite positive. Les circonstances de cet accident étaient un rappel à l'ordre, je devais en tirer une bonne leçon de ne pas avoir suffisamment écouté et observé ce jour-là. Puis pour l'avenir, que je devrais réagir avant d'agir trop vite, de manière à bien prendre en compte encore plus intensément, la précision de ces messages bénéfiques.

A savoir que chaque instant de notre existence est précieux, que nous risquons de la perdre en une seconde, que tout peut basculer par mégarde ou inadvertance due simplement à notre faute par manque d'attention. « LA VIE », ce cadeau du ciel que l'on nous a offert et, que nous devons chaque jour préserver pour la mener à son terme.

# Chapitre X

## De 48 à 50 ans.

## Nouvelles apparitions de fantômes.

## Autre présence de l'ange gardien.

## Nouveaux phénomènes paranormaux.

Je venais de rencontrer une nouvelle amie. Elle tenait une galerie de peinture dans le centre ville. Un soir, en sortant du restaurant elle m'emmena découvrir son magasin. Il était sur deux niveaux ou plusieurs peintres exposaient leurs œuvres. En visitant le premier étage, je me souviens d'avoir vu des tableaux sombres représentant des personnages maléfiques. J'y voyais le diable et ses acolytes dans chacune de ces toiles.

Sans doute cette personne était-elle très perturbée dans son existence pour réaliser de telles créations. Il en ressortait une atmosphère très angoissante et négative. En les regardant une sensation de mal être m'envahissait jusqu'au fond de mon âme. Ces croûtes n'exprimaient que la douleur et la mort. L'artiste avait peint le mal dans toute sa plus profonde laideur. Dans ces représentations elle avait ouvert les portes de l'enfer.

Par contre au rez-de-chaussée, j'avais remarqué et beaucoup apprécié des aquarelles sur la nature et particulièrement la forêt, avec des couleurs douces et apaisantes en dégradé marronné. L'une d'entre elles m'avait singulièrement touché.

Elle représente un sentier bordé de grands arbres aux feuillages bien fournis et colorés. Puis au terme de son parcours on le voit au loin s'ouvrir sur une clairière, baignant dans une lumière généreuse et sereine.

Cette fresque m'est apparue d'un réalisme surprenant autant dans sa beauté artistique que dans sa profondeur intime et spirituelle.

Quand on la regarde on se laisse emporter à l'intérieur de ce paysage. Le peintre nous fait voyager dans cet univers qu'il a ressenti à un moment précis de sa vie où son pinceau peignait son âme en symbiose avec mère-nature.

Quelques temps plus tard mon amie me voyant très épris de cette toile me l'offrit. Ce fut un très beau cadeau que je possède encore aujourd'hui.

Je tiens à ouvrir une parenthèse sur un fait qui peut paraître étrange, mais à la fois logique quand notre existence est sur la bonne route.

Au moment présent où j'évoque cette œuvre, il m'est arrivé un flash. J'ai eu ce besoin intense de décrocher le tableau qui n'avait pas bougé du mur depuis onze ans. Je ne me souvenais plus que mon amie me l'avait dédicacé et en le retournant qu'elle ne fut pas ma grande surprise en lisant ces quelques mots. Il y a écrit au dos : « Le chemin de ta vie ». Cela me parut incroyable que cette phrase écrite quelques années plus tôt soit aujourd'hui le titre de ce livre « Chemin de vie » et tout ce que je visualise.

De nouveau un phénomène surprenant et prémonitoire s'était produit à l'époque, au vu de ce message spirituel qui prévoyait ce qui allait se réaliser dans mon proche avenir. Onze ans ont passé avant que je découvre cette dédicace. Aujourd'hui, je me trouve sur ce chemin dans la réalisation d'un projet qui finalement sans m'en rendre vraiment compte était déjà programmé depuis plusieurs années. Cette vérité est maintenant bien présente devant mes yeux. Ce n'est pas une coïncidence, mais un fait réel. De plus ce chiffre «11» dans les arcanes majeur de la symbolique du tarot évoque : « Énergie et Récompense », alors dans ce contexte que demander de mieux.

Cette femme avait-elle un don de voyance ? Était-elle venue m'apporter une clé pour ouvrir la porte qui se présente devant moi aujourd'hui ?

Était-ce une rencontre providentielle venue me frayer un passage vers cette nouvelle réalisation? J'avais maintenant les réponses à mes questions.

Il est sûr que pour chacun de nous, les événements sont liés dans les dimensions de la vie pour nous faire évoluer dans la bonne direction. Ce n'est pas le fruit du hasard, nous suivons les écrits du parchemin de notre destin décidé avant notre naissance.

Je referme cette parenthèse sur cet événement qui représente une importance capitale dans la suite de mon existence, pour en revenir à cette fameuse soirée.

Au cours de la visite, alors qu'il était déjà très tard. Je ressentais une atmosphère étrange. Je n'étais pas à l'aise dans cet endroit. J'avais l'impression de percevoir des présences dans les pièces et dans les murs, cette situation me perturbait psychologiquement.

Au moment où mon amie s'est avancée vers moi pour s'apprêter à m'embrasser, une forme blanche et vaporeuse est passée entre nous, dégageant un grand souffle de vent glacial comme pour nous séparer.

Effrayée, elle me dit :
« Qu'est-ce que c'est ? Tu a vu ? », surpris moi aussi je lui répondis : « Oui on aurait dit un fantôme. Crois-tu que, cette maison est hantée ?» Mais, alors que je la regardais, j'eus un flash et la vision de trois personnalités différentes en elle même.

Elle avait ce visage d'enfant, très joueuse et espiègle, reflétant l'amour et la joie, empreint de douceur et de tendresse. Puis, celui d'une femme amoureuse de la vie qui aime découvrir les êtres avec leur passion, la peinture, la musique et la poésie.

Et enfin cette personne plus âgée, une bourgeoise possessive et excentrique, croulant sous les bijoux, pour qui le pouvoir et l'argent ont pris trop d'importance dans la vie, montrant le soleil en tatouage sur sa cheville, comme si elle souhaitait que  lui aussi soit à ses pieds.

Pendant quelques instants j'ai eu un mouvement de recul. D'un ton un peu sec, elle me demanda « Mais enfin qu'est ce qui te prend ? ». Je lui dis : « Écoute, je dois rentrer. Je suis fatigué. On se verra une autre fois ». Sa réaction ne fut bien sûr pas très heureuse, mais j'avais ce besoin intense de sortir rapidement de ce lieu pour réfléchir.

De retour chez moi, je repensais à ce peintre maléfique. Est-ce lui qui avait projeté à travers ses tableaux, ce phénomène paranormal ? Ou bien mon ange gardien était-il là de nouveau pour me montrer une situation dont je devais me méfier ? Sans doute une mise en garde comme il m'était déjà arrivé d'en percevoir auparavant dans mes visions prémonitoires.

Des questions se profilaient dans ma tête. Cependant le plus important à cet instant était de considérer ces messages et de bien les décrypter.

Mes expériences antérieures m'avaient apporté certaines réponses sur ce monde irrationnel et parallèle qui m'était apparu à plusieurs reprises.

Mais aujourd'hui d'autres situations arrivaient avec cette nouvelle rencontre. Il fallait que je comprenne absolument ce qui se passait avec cette personne.

Était-elle venue à  moi pour me faire évoluer sur mon chemin de vie ? Cela est sûr, car chaque être que nous rencontrons fait partie de notre existence pour nous aider à diminuer nos erreurs et avancer vers cette lumière, source de toutes nos vies.

Ma curiosité étant à son paroxysme, je décidais donc malgré tout de continuer cette relation pour en découvrir plus.

Un jour que nous partions en vacances dans le sud, mon amie voulait absolument que je prenne l'autoroute. Au moment où je m'apprêtais à m'engager j'eus un pressentiment. Mon intuition me guidait vers une autre route. Alors de ce fait, j'ai préféré prendre la nationale.

Bien sûr des discussions un peu houleuses s'ensuivirent sur la perte de temps, elle était impatiente d'arriver au bord de la mer. Mais moi je voyais les choses sous un autre angle, nous avions tout le temps, alors pourquoi se dépêcher. C'est beaucoup plus agréable de parcourir les villages et les villes pour admirer ces paysages qui sont tellement beaux et romantiques. Découvrir nos régions sur les chemins de traverse est plus attrayant que de s'arrêter sur les aires d'autoroute.

J'eus droit à une soupe à la grimace pendant le trajet, mais j'avais choisi ce chemin et, bien m'en prit car la radio annonçait qu'il y avait eu un très grave carambolage sur le tronçon d'autoroute que nous devions prendre.

Peut-être nous serions-nous retrouvés dans ce terrible accident, sans doute blessés ou même morts. Ainsi une fois de plus mon ange gardien était là pour me guider sur la bonne voie.

Quelques temps plus tard, au cours d'un dîner dans ma cuisine, le sujet, de la conversation qui prenait tournure, montrait certains désaccords sur notre relation.

Mon amie était assise en face de moi et une chaise était libre sur ma gauche. Soudain au cours de nos échanges, un personnage vaporeux et lumineux s'est installé à notre table, ce qui a rapidement interrompu nos propos.

On ne voyait pas vraiment de visage. Son corps se diffusait comme une brume opaque. Il reflétait la sérénité comme un ange descendu du ciel avec toute la puissance d'une émanation spirituelle.

Je ne ressentais aucune crainte, des souvenirs fusaient dans ma mémoire et je revoyais une situation que j'avais déjà vécue lors de mon grand voyage.

Mon amie a pâli. Elle était tétanisée et ne pouvait même plus bouger un cil. Contrairement à elle et jusqu'à l'intérieur de mon âme, le bien-être me pénétrait intensément. Je lui dis : « Ne t'inquiète pas. N'aie pas peur. C'est mon ange gardien qui est venu me voir pour me protéger ».

Ce phénomène n'a duré que quelques instants. Cet être nous regardait et, sans doute, lisait dans nos pensées. Puis, tout à coup, il s'est évaporé comme par enchantement.

Quelques minutes après avoir repris ses esprits mon amie s'est levée d'un bond sans finir son repas. Elle a attrapé ses affaires en catastrophe, puis elle est sortie de mon appartement, sans même prendre la peine de me dire au revoir. Depuis ce jour, on ne s'est jamais revus.

J'étais persuadé que cet être était venu pour nous séparer, comme il l'avait fait dans la galerie de peinture.

Dans la semaine qui suivit, je parti quelques jours en vacances. Laissant mon fils d'une vingtaine d'années, dans le logement. Je ne me faisais pas de soucis, sachant qu'il me suppléerait pendant mon voyage.

A mon retour il me dit : « Papa, pendant ton absence, j'ai toujours senti une présence et j'ai vu quelqu'un sortir de ta chambre à plusieurs reprises. Cela ressemblait à une ombre se faufilant dans le couloir ». Il n'était très à l'aise en m'en parlant, mais je remarquais qu'il n'avait ressenti aucune crainte réelle ni de peur évidente.

Le soir, au cours de notre repas, la discussion s'était portée principalement sur ce sujet. Puis je suis allé me coucher. Allongé tranquillement dans mon lit, je ressentais à nouveau cette présence. Un souffle d'air accompagné d'une lumière un peu opaque défilait devant mes yeux. J'avais l'impression qu'il me regardait avec tout son amour comme s'il me connaissait depuis toujours. Je ne reconnaissais pas une personne proche qui avait existé dans ma vie terrestre, mais plutôt un être qui m'avait suivi depuis le premier jour, celui de ma naissance spirituelle.

Le protecteur de toutes mes vies antérieures et futures qui me suit depuis la nuit des temps pour me faire évoluer et me guider vers cette lumière originelle. J'ai été pendant ces quelques instants en symbiose communicative avec cet être. Puis il a disparu instantanément comme il était venu.

Il est très clair que ce fantôme ange gardien : « Si je peux m'exprimer ainsi », était resté pour protéger mon fils et mon logement pendant mon absence.

Depuis que tout était rentré dans l'ordre, je ne l'ai jamais revu. Il est un fait réel que ce n'était pas un rêve ni une hallucination collective, car nous avions été trois, témoins de cette apparition à quelques jours d'intervalle.

Malgré une accalmie depuis quelques temps, d'autres nouveaux phénomènes étranges sont arrivés dans la maison de ma mère.

Un soir elle m'appela, en me disant qu'elle avait contacté son médecin traitant dans l'après-midi, pour une intervention chirurgicale en urgence.

Son bras droit avait été ouvert sur plusieurs centimètres, le docteur l'avait suturé de façon admirable dans son cabinet. Grâce à son excellent travail la cicatrice était infime.

Il est vrai que cet homme, avant d'être généraliste, avait commencé des études de chirurgien. Et heureusement pour elle, car son intervention lui avait évité les trente kilomètres pour se rendre à l'hôpital le plus proche.

Je lui ai demandé tout de suite des explications sur l'origine de la blessure. Elle me dit : « C'est un fer posé sur la poutre de la cheminée qui est tombé sur moi. Mais ne t'inquiètes pas, ce n'est pas si grave. J'ai simplement essayé de le rattraper et en même temps j'ai perdu l'équilibre puis, dans sa chute il m'a déchiré le bras ».

Je n'ai pas voulu l'intriguer outre mesure, mais j'ai tout de suite trouvé cela bizarre. Ces anciens fers à repasser en fonte étaient assez lourds, de sorte que même un fort courant d'air dû à une fenêtre ouverte n'aurait pu les déplacer. De plus ils étaient bien disposés en décoration sur cette partie de bois très large et bien plane.

Il y en avait quatre, de taille différente allant du plus petit au plus grand bien rangés et alignés. Ma mère étant une femme méticuleuse, même parfois excessive, il fallait que chaque objet soit à une place bien précise où tout était bien centré et positionné pour que la présentation soit parfaite.

Alors je ne vois pas comment l'un d'entre eux aurait pu glisser sans qu'une force extérieure n'en soit la cause réelle.

Mon imagination était à son apogée cela est sûr. Je ressassais les souvenirs encore trop présents, relatifs aux événements précédents qui s'étaient passés à cet endroit .

Quelques semaines plus tard d'autres accidents sont survenus à nouveau chez elle. Ma mère avait un gros chat de gouttière noir et blanc appelé « Gribouille », elle le dorlotait avec tout son amour. C'était sa seule compagnie pendant ses moments de solitude.

Chez mes parents, il y a  toujours eu beaucoup d'animaux domestiques et lui était le dernier à rester dans la maison.

Un soir, il miaulait avec insistance et bizarrement près de la porte du sous-sol comme s'il y sentait une présence inhabituelle. On connaît cet instinct animal qui peut détecter certaines manifestations naturelles ou surnaturelles bien avant l'être humain, surtout chez les félins. Leurs antennes sont d'une grande sensibilité. Ils donnent l'impression d'être branchés en permanence avec la nature et l'univers spirituel.

Ma mère, étant une femme plutôt trop téméraire ne se rendait pas toujours compte du danger présent. Elle décida donc de descendre en suivant le matou pour voir ce qui pouvait bien l'intriguer ainsi. Parvenue au milieu de l'escalier, elle glissa et dévala les marches une à une pour terminer sa chute sur le sol, à moitié assommée.

Elle me téléphona le lendemain, pour me raconter ce qui lui était arrivé. Sa jambe gauche avait un énorme hématome jusqu'en haut de sa cuisse. De plus elle s'était foulée une cheville et un poignet.

Sa force morale et physique m'a toujours étonné. Elle a réussi à remonter seule jusqu'à sa chambre, puis s'est couchée dans cet état sans même me prévenir et attendre jusqu'au petit matin pour appelé le médecin.

Par chance, son ange gardien était présent. Elle ne souffrait d'aucune fracture. Cette mauvaise chute aurait pu être beaucoup plus grave. Des questions fusaient dans ma tête. Je me demandais si un esprit malin ne l'avait pas attiré exprès dans cette escalier pour qu'il lui arrive un malheur.

Dans la semaine qui suivit, ma mère me téléphona à nouveau en larmes, m'annonçant que son « Gribouille » s'était fait renverser par une voiture juste en sortant par le portail du pavillon. Il avait été tué sur le coup. Pourtant, ce chat calme et prudent prenait tous les jours ce même chemin depuis des années.

Je me suis dis décidément ce n'est pas possible, cela commence à faire beaucoup trop. Alors était-ce encore une coïncidence ? Ou bien les forces machiavéliques venaient-elles une nouvelle fois de frapper ? Cela était sûr, le chat étant mort, il ne pouvait plus la prévenir d'un éventuel danger qui pourrait arriver.

Il était très clair, que les mauvais esprits avaient décidé de s'en prendre à ma mère. Les attaques devenaient de plus en plus rapprochées. J'avais pas de bons pressentiments. Il fallait coûte que coûte, qu'elle sorte de cet endroit maléfique.

Ce même mois, une voisine me téléphona. Il était environ dix heures du matin. Elle me dit :
« Philippe, il doit se passer quelques chose d'anormal dans la maison de ta maman. Les volets sont restés fermés ».

Je savais que ma mère avait ses petites manies, chaque jour vers huit heures trente tout était grand ouvert pour aérer chaque pièce, même en plein hiver.

De plus, on entendait au loin son poste de radio car elle aimait écouter les premières informations de la journée. A l'époque elle ne possédait pas de téléviseur. C'était comme un rite, tout était réglé comme du papier à musique.

De ce fait, je quittais en hâte mon travail pour me rendre à son domicile. En arrivant, effectivement tout était clos et silencieux. J'ouvris la porte précipitamment, et là, je la trouvais allongée sur le carrelage de la cuisine évanouie, la tête baignant dans son sang, en me penchant sur elle, j'ai senti le souffle de sa respiration.

Quel soulagement !. J'avais eu pendant un instant l'angoisse de me retrouver dans les mêmes conditions lors du décès de mon père.

J'ai appelé les pompiers en urgence leur expliquant brièvement la situation. Les secours sont arrivés très vite, la caserne se trouvant à peine à un kilomètre de son habitation. Les secouristes ont procédé immédiatement aux premières tentatives de réanimation. Ma mère ouvrit de nouveau les yeux, puis fut transportée sur un brancard et emmenée à l'hôpital le plus proche.

Je me suis rendu sur place pour attendre les nouvelles des médecins. Dans la salle d'attente je tournais en rond comme un fauve en cage en maudissant les acolytes de Satan qui étaient selon moi, responsables de tous ces malheurs survenus sur ce terrain triangulaire avec ses quatre pavillons.

Je réfléchissais à ces événements un peu trop rapprochées à mon goût. Les démons avaient sans doute décidé de frapper de plus en plus souvent et de plus en plus fort. J'avais cette intuition. Impossible de m'en défaire, mais le plus important pour l'instant était de faire cesser tous ces phénomènes au plus vite.

Une solution devait être trouvée rapidement pour contrer ces actes maléfiques, car ma mère n'était pas encore vraiment rétablie de ses deux premiers accidents, plus le chagrin de la mort de son ami fidèle, le « Gribouille », qu'un troisième arrivait déjà pour accentuer son mal être.

Peu après un médecin vînt me voir, me sortant de mes pensées pour me donner un diagnostic sur son état de santé.

« Votre mère a eu beaucoup de chance, rien de réellement grave n'a été décelé à première vue Pas de fracture juste un léger traumatisme crânien ajouté à quelques contusions et hématomes, mais pour l'instant il faut la laisser se reposer. Nous l'avons mise sous perfusion et vous pourrez la visiter demain ».

Je l'ai remercié, puis je suis rentré chez moi un peu plus rassuré. Je me suis assis tranquillement dans mon canapé pour me remémorer encore et encore, tous ces événements tragiques qui étaient arrivés depuis que mes parents avaient habité cette maison, frappé par trop de mauvais sorts autant chez les voisins que chez eux. Il était sûr que ma mère ne pouvait plus vivre dans cet endroit maudit.

Elle était depuis un long moment attaquée. Encourir autant de risques pourrait lui être la prochaine fois fatal. Je devais avoir avec elle, après son rétablissement, une conversation très sérieuse à ce sujet.

Le lendemain je suis allé la visiter à l'hôpital, elle avait la tête bandée et semblait encore sous le choc, désorientée et fragile.

Elle parlait très peu, seul remède possible pour l'instant, le repos. Je ne lui ai posé aucune question, j'étais pourtant très curieux de savoir la vérité sur ce qui s'était passé, mais j'ai préféré attendre son retour pour qu'elle se sente mieux physiquement et psychologiquement. Ici, pas de problème, elle était protégée de toutes agressions extérieures.

Lorsque je pus discuter avec une infirmière, elle estima une hospitalisation d'environ quinze jours. D'une part pour les soins et d'autre part pour bien examiner les risques de séquelles éventuelles dû au traumatisme crânien.

Durant son séjour je suis allé à son domicile. Dans un premier temps pour vérifier que tout était en ordre dans la maison, mais surtout pour essayer de trouver des réponses à ces événements successifs et maléfiques. Une fois à l'intérieur, je ressentais une atmosphère étrange et je discernais des présences. Il est certain que je n'étais pas seul. A un moment donné les rideaux d'une des portes-fenêtres de la salle à manger ont bougé comme sous le souffle d'un vent frais. Ce ne pouvait pas être un courant d'air, car tout était fermé.

Commençant à perdre patience, je leur ai dit d'un ton fort et agressif : « Qui que vous soyez, montrez vous. Je n'ai pas peur de vous, bande de pauvres êtres malheureux, je vous combattrais jusqu'au bout par l'amour, chose que vous avez perdu par votre faute. Vous devez partir vers la lumière, seule issue possible pour vous et vous n'aurez jamais ma mère je vous le jure sur mon âme »

De nouveau un rideau se mit à bouger, mais en même temps j'entendis des bruits provenant du sous-sol. Prenant mon courage à deux mains je suis descendu.

Avec les expériences paranormales que j'avais déjà vécues concernant les fantômes, entités ou autres, je commençais à m'habituer à ce genre de situation.

Je suis allé dans la cuisine d'été et, là encore, le rideau de la petite fenêtre s'est mis à bouger. Ma mère avait laissé sa dernière vaisselle et tout à coup une casserole a glissée dans l'évier.

Je leur dis d'un ton ferme et ironique : « Si vous croyez m'impressionner avec vos petits jeux de gamins mal élevés qui vous servent à faire peur et attaquer les plus faibles, vous perdez votre temps. Gardez plutôt votre énergie pour monter au ciel ».

Je crois que je les avais bien énervés car, en haut de l'escalier, la porte du sous-sol s'est refermée avec violence comme pour m'empêcher de sortir. Alors je suis remonté tranquillement, et je n'ai trouvé aucune résistance pour l'ouvrir. Je me suis retourné leur jetant un sourire narquois, pour les provoquer dans leur désarroi. Puis je suis reparti en prenant bien soin de refermer le pavillon.

Quelques jours plus tard ma mère sortit enfin de l'hôpital. Elle était reposée et semblait en pleine forme. Son séjour lui avait été apparemment bénéfique. De retour dans sa maison, je pus enfin lui demander les causes de son accident. Elle m'expliqua : « Je m'apprêtais à préparer mon petit déjeuner dans la cuisine quand d'un seul coup, j'avais l'impression que quelqu'un ou quelque chose tournait sans arrêt autour de moi. J'étais prise comme dans une spirale, cela m'a étourdi, puis j'ai été envahie par de violents vertiges qui m'ont déséquilibrée et je suis tombée comme une masse sur le sol en perdant connaissance ».

Avant même que je puisse lui répondre, elle ajouta : « Tu sais Philippe, il faut que je vende cette maison très vite. Je ne suis plus bien ici, il m'arrive trop de malheurs ».

Effectivement cela devenait trop dangereux. Elle avait enfin compris que cet endroit était trop négatif. Il fallait prendre un autre chemin pour que sa vie soit plus belle. De ce fait je ne lui ai pas parlé des phénomènes qui s'étaient produits pendant son absence.

Je ne voulais pas la perturber davantage, elle avait déjà tellement subi. A travers mon récit, je n'aurais fait qu'accentuer son mal-être. Ce n'était pas le moment, car elle devait vivre encore quelques temps dans cette maison avant d'envisager son futur déménagement.

Je l'approuvais : « Je crois que tu as pris la bonne décision, je m'occupe de contacter une agence immobilière dès demain ».

Le lendemain nous avions rencontré un agent immobilier, nous sommes tombés d'accord sur l'estimation. La transaction fut très rapide ; un mois plus tard la maison était vendue.

Il faut dire que le pavillon construit sur un terrain de six cent mètres carrés clos de murs, se situait à trois cent mètres du centre ville à proximité de tous commerces. C'était une belle affaire pour un acquéreur.

Ensuite, je lui ai trouvé un petit appartement en location dans la ville où je vivais, à cinq cent mètres de chez moi, ce qui finalement l'a rassurée totalement. Elle allait enfin pouvoir se reposer loin de toutes ces malédictions qui pesaient sur ses épaules depuis trop longtemps.

Ma mère pouvait aujourd'hui couler des jours tranquilles et heureux, pour laisser derrière elle, ce passé douloureux qui l'avait fait tellement souffrir.

Maintenant elle savait que son fils serait toujours près d'elle pour combler ses moments de solitude et c'était là, son plus grand bonheur.

# Chapitre XI

## De 51 à 53 ans.

## Autre rêve prémonitoire.

## Cinquième rencontre avec la mort.

De nouveau, je fis un rêve étrange. Je me suis réveillé en sueur, ressentant une sensation bizarre. J'étais angoissé avec une appréhension comme si un événement allait se passer. Les images de ce songe étaient bien ancrées dans ma mémoire. Pourtant cela ne ressemblait pas à un cauchemar bien au contraire c'était très beau et lumineux, mais mon intuition me guidait tout de même vers un mauvais pressentiment. J'avais vu mon père et ma mère ensemble devant leur habitation sur la place du marché. Ils étaient heureux avec tous deux un sourire radieux. Leurs visages reflétaient une grande sérénité éclairée par une lumière immaculée. Je me retrouvais comme le spectateur d'une scène de vie où tout était féerique et magique. Mes parents se tenaient debout ayant pris la pose devant la porte d'entrée comme si on allait les prendre en photo.

Ils paraissaient beaucoup plus jeunes et élancés, il y avait même assis sur le rebord de la fenêtre à gauche, le caniche royal noir, ce petit espiègle qui avait tant marqué mon enfance avec ses jeux, sa fourberie et son amour. C'était une belle journée de printemps, le soleil brillait à l'horizon et ses rayons aurifères s'écoulaient dans ce paysage, comme une source de fines paillettes d'or faisant luire toutes les couleurs d'un arc-en-ciel.

Le sol était jonché d'un tapis de fleurs colorées et tout autour d'eux, des pétales de velours flottaient dans l'espace. La maison derrière eux était elle aussi, beaucoup plus lumineuse qu'à l'accoutumé. C'était un spectacle magnifique où l'on ne ressentait en apparence qu'un immense bonheur. Ce monde ressemblait à cet endroit terrestre que je connaissais bien, mais en même temps, il semblait irréel comme s'il existait dans un autre univers parallèle.

Alors pourquoi précisément cet endroit ? Le simple fait sans doute que ma mère avait malgré tout au fond d'elle toujours regretté d'avoir vendu cette maison. Elle aurait dû suivre sa première intuition de départ, ne pas construire ailleurs, même si les étages étaient une réelle contrainte. C'est là, qu'avec mon père, ils avaient eus leurs meilleurs souvenirs. Après de beaucoup de labeur, ils avaient bâti ce nid d'amour, qu'ils n'auraient jamais dû quitter. C'est dans cette habitation, que mon frère et moi avions vécu toute notre enfance. Dans l'esprit de ma mère restaient gravés tous ces moments de bonheur intense où elle fut la plus heureuse des femmes dans ce cocon familial. Je pensais alors : « C'est sûrement pour ces raisons profondes que dans ma vision sont revenues ces images du passé ».

Cela faisait vingt-trois ans que mon père était décédé et de ma vie, je n'avais jamais vu dans un rêve mes parents réunis. C'était la première fois que cela se produisait.

Alors pourquoi maintenant ? Quelle était la face cachée de ce mystère ? Ou bien avais-je eu une révélation dans mon sommeil ?.

Une foule de questions embrumaient mon esprit. J'avais l'impression qu'il allait bientôt exploser. J'avais besoin de me poser tranquillement pour bien réfléchir à cette situation.

Puis tout à coup, j'ai eu un flash. Je me suis souvenu de l'apparition de mon père sur la terrasse et de la prédiction qu'il avait faite du décès de ma grand-mère.

Mais cette fois c'était différent. Le message qu'il tentait de me faire passer c'était à travers un rêve. Il était venu de nouveau communiquer avec moi d'une autre façon. Je le ressentais intensément. Des frissons parcouraient tout mon être. J'avais peur, peur que cette prémonition soit porteuse de mauvaises nouvelles. Était-il venu la chercher ? Comme il l'avait fait dernièrement pour sa mère lors de sa visite chez moi.

Peu de temps après, ma mère fut prise d'un malaise. Elle eus l'énergie de me téléphoner. Son instinct de survie était plus fort que la douleur. Je me suis précipité à son appartement. Elle était allongée au sol le téléphone à la main. J'ai appelé tout de suite les pompiers. Elle fut hospitalisée d'urgence.

Depuis quelques semaines je la sentais de plus en plus fatiguée, et sur son lit d'hôpital elle était complètement épuisée.

Je suis resté à son chevet dans l'attente du pronostic du médecin. Enfin il m'annonça :
« Actuellement, je ne peux rien vous dire de précis. Nous allons procéder à des examens plus approfondis. Dès demain je pourrais vous donner plus d'informations ».

Le lendemain ce même docteur me présenta les résultats. Ce n'était guère réjouissant. Ses plaquettes diminuaient anormalement et tous ses globules rouges se détruisaient chaque jour. Son diagnostic est tombé sans vraiment me ménager. Mais pouvait-il me l'annoncer autrement ? Il me devais la vérité. Elle avait contracté un cancer du sang.

242

La seule solution pour combattre cet état était la transfusion sanguine. Cependant il me mit en garde. Tout dépendrait de la progression de la maladie, du stade qu'elle avait déjà atteint et l'âge de la malade était important pour qu'une guérison éventuelle soit possible.

Je me demandais comment cela avait pu se déclencher. Ma mère était suivie régulièrement par son médecin traitant et n'avait jamais eu ce genre de problème. Mais je me suis souvenu qu'un an auparavant elle avait subit une intervention chirurgicale du cœur. On lui avait posé plusieurs pontages au niveau de ses artères qui se refermaient dangereusement aux risques d'une crise cardiaque. Il fallait agir rapidement sans autre issue possible. Je reste encore aujourd'hui persuadé que c'est à partir de cette opération que tout a commencé. Lorsque j'en ai parlé au médecin, il ne voulait pas s'impliquer dans l'affaire. Bien sûr, entre confères ils se serrent les coudes craignant les représailles. Le système médical est ainsi fait, ils préfèrent cacher les erreurs, cela évite des conflits et des actions devant les tribunaux. Ils en disent le moins possible afin que le patient se sente en partie protégé. Enfin c'est ce qu'ils prétendent si l'on peut dire.

Mais à travers ses mots je le voyais me parler avec une certaine gène. Il se trahissait. Je n'étais pas dupe. Je ressentis aussitôt, que pour lui, cela pouvait être une éventuelle possibilité.

Ma mère avait été mise sous morphine, seul médicament qui pouvait calmer sa douleur de plus en plus violente. J'allais la voir tous les jours, elle me parlait de moins en moins. Elle était complètement droguée.

Ses mots étaient toujours les mêmes « C'est trop long, c'est trop long ». Je me demandais ce qu'elle voulait dire à travers ces paroles. Qu'est-ce qui était trop long à supporter pour elle ? Était-ce mal infernal qui la meurtrissait et la rongeait de jour en jour où chaque seconde ressemblait à un enfer ? Ou bien, attendait-elle simplement d'être libérée à tout jamais de ce mal-être ?

Était-ce cette horrible douleur qui devenait insupportable ? Était-ce l'attente d'une guérison possible ? Était-ce le fait de passer de l'autre côté ? Je cherchais réellement à savoir où était cette vérité profonde sans trouver à cet instant aucune réponse à mes questions.

Je me rendais compte au fur et à mesure du temps que son esprit commençait à délirer, elle parlait en termes incompréhensibles et pourtant, d'autres fois, dans des moments de lucidité, elle invoquait les prénoms de ses enfants et de ses petits-enfants. Cela ressemblait en quelque sorte aux symptômes de la maladie d'Alzheimer, mais je crois plutôt que l'incohérence de ces paroles était due à tous ces médicaments qui lui étaient administrés chaque jour.

Quand elle reprenait ses esprits ses paroles devenaient plus fluides et claires. Elle me demanda une chose de la plus haute importance. Je devais réunir toute la famille pour qu'elle lui rende visite. Tous sont venus l'un après l'autre, et là, subitement, elle les reconnaissait et leur souriait en leur tendant la main avec tout son amour. Il restait ce dernier geste qu'elle pouvait donner avant que la mort nous sépare.

Elle sentait ses derniers instants sur cette terre arrivés, et malgré tout, elle voulait garder dans sa mémoire spirituelle toute cette vie qu'elle avait engendrée au travers de son existence, et ces ultimes moments de bonheur qu'elle pouvait encore cueillir avant de partir vers ce monde inconnu.

Ma mère avait une réaction extraordinaire et inoubliable, son visage s'éclairait à chaque visite. Elle avait voulu dire au revoir à tout le monde avant de partir car, effectivement dans la quinzaine qui suivit, le jour fatidique arriva. Je reçus un appel téléphonique de l'hôpital me disant que c'était fini. Ma mère était décédée le 3 Avril 2005, à l'âge de 85 ans.

J'étais désemparé, d'un seul coup de lame je n'avais plus de parents. En quelques secondes, j'étais devenu orphelin. Je me rendais compte à ce moment ce que cela pouvait représenter pour un enfant, d'être privé de sa famille.

Elle fut inhumée dans le caveau familiale près de son époux. Encore une absence qui allait être dure à supporter psychologiquement. Mais je savais malgré tout qu'elle était heureuse car mon père l'attendait depuis de très longues années et aujourd'hui, ils étaient enfin réunis tous les deux pour chevaucher les plaines de l'éternité comme je l'avais vu dans mon rêve prémonitoire.

Une fois de plus le message de l'au-delà avait été très précis et clair dans son contexte. Il m'était parvenu pour me préparer à cette éventualité.

En sortant du cimetière, je suis passé dans l'allée où se trouvait la sépulture de la première femme de mon père. Il m'était arrivé de poser quelques questions à ma mère concernant cette personne et son enfant. Mais elle avait très vite détourné la conversation. Elle ne voulait visiblement pas aborder ce sujet et je n'ai eu que de brèves réponses assez banales, sur la maladie qui les avait emportés tous deux. « La leucémie »

J'ai toujours été intrigué par cette histoire et je voulais connaître la vérité sur ce secret que mes parents avaient précieusement bien su garder pendant toute leur vie. Mais cette fois-ci, j'avais laissé ma curiosité au placard. Finalement cela ne me regardait pas, c'était leur jardin intime et je ne devais pas m'impliquer dans cette affaire. La seule chose qui était importante à retenir, c'est que j'aurais pu avoir un demi-frère.

Quelques temps après, mon amie que j'avais rencontrée l'année précédente savait que j'écrivais des poésies, elle me dit : « Tu devrais essayer de les publier ». A ce moment là, je n'étais pas très enthousiaste pour ce projet, mais je l'ai sentie croire en moi et en mes écrits.

Elle m'encourageait fortement et me soutenait spirituellement. Un nouveau chemin s'ouvrait à nous dans le partage et une vision commune pour nous préparer un meilleur avenir ; ce qui à mes yeux était le plus important.

Alors à force d'insistance, elle m'a convaincu et j'acceptais de tenter l'expérience.

J'ai rassemblé des textes enfermés depuis longtemps dans des tiroirs pour leur faire voir le jour à travers deux recueils.

Je les ai envoyés à plusieurs éditeurs et, bien sûr, je n'ai reçu que des refus. Quand on n'est pas connu, et, pour ce genre d'ouvrages, ils ne prennent pas de risque. Ce n'est tout simplement pas rentable.

J'attendais d'autres résultats, et puis je ne m'en suis plus du tout préoccupé, pensant qu'il n'y aurait pas d'aboutissement à ce projet.

Puis un phénomène surnaturel est arrivé avec un message de l'autre monde. Il est venu changer le cours de mon existence et remettre au goût du jour cette réalisation que j'avais depuis quelques temps abandonnée.

# Chapitre XII

De 54 ans à aujourd'hui.

Création d'un site de poésies avril 2007.

Apparition de l'au-delà.

Réalisation de mes créations.

Messages à travers les chiffres.

En Avril 2007 avec une amie Manuela résidant au Portugal, nous décidâmes de créer un site d'écriture « Poésies d'une Vérité » lieu d'échanges poétiques et de dialogues, ouvert à tous ceux qui souhaitent s'évader un instant, dans un monde plus serein et romantique.

Nous avons commencé à publier des textes et des rencontres se profilaient avec des amis virtuels. C'était la première fois que je découvrais ce monde de l'internet. Dialoguer derrière un écran n'était pas vraiment dans mes inspirations, mais malgré tout, je m'habituais à ce mode de communication qui se présentait à moi.

Cela me permettait d'avoir des contacts avec des personnes éloignées à travers le monde, que je ne verrai sans doute jamais physiquement, mais avec lesquelles finalement je pouvais converser moralement et spirituellement.

Trois mois plus tard, par un beau soir de juillet je suis allé au bord de mon étang préféré, pour prendre des photos de la nuit tombante afin d'illustrer un poème « Crépuscule » à présenter sur notre site.

Soudain ! Je me suis retrouvé de nouveau devant un phénomène étrange, l'autre monde s'ouvrait à moi à travers une apparition.

La muse du poète était là ! Marchant sur le miroir de l'eau dans ma direction avec son ange blanc flottant dans l'espace au-dessus d'elle. C'était fantastique et paradisiaque.

Je ne pouvais plus bouger, mon corps était figé sans aucune réaction, je ressentais une plénitude immense à l'intérieur de moi. J'étais en extase, mon âme semblait en symbiose avec ces êtres venus d'ailleurs.

Je savourais des instants intenses de grande sérénité dans un silence captivant.

Ils auraient pu m'emporter où bon leurs semblaient car je ressentais pleinement leur amour limpide et immaculé.

Des moments inoubliables et exceptionnels dans la vie où notre regard et tout notre être se retrouvent face à une réalité intemporelle et paranormale que je viens vous faire partager.

## APPARITION
## « ENTRE REVE ET REALITE »

Nous sommes le soir du 19 juillet 2007, à l'étang dit « La Gravière », ancienne carrière où les rochers semblent flotter sur l'eau, situé à Samoreau, village en bord de Seine, à 5 kilomètres de Fontainebleau.

Je m'étais installé pour prendre une photo du crépuscule. Le temps s'y prêtait parfaitement et le soleil commençait à descendre lentement à l'horizon.

Quelques soupçons de nuages caressaient le ciel d'un voile de coton et pas un souffle de vent ne venait troubler le miroir de l'eau, où le calme et la sérénité s'étaient posés dans un climat tempéré.

Je me suis assis sur un rocher tout près de l'eau. Sur l'autre berge, au fond de l'étang, se reflétaient les éclairages de la rue.

J'attendais que la lumière soit excellente quand des vapeurs ont commencé à monter de l'étang, à mes pieds et sur toute la surface de l'eau.

Je fus surpris par ce phénomène, car il n'y avait eu aucune chaleur excessive ni rafraîchissement soudain.

J'ai regardé au-dessus de mon appareil et j'ai vu une femme habillée d'un voile qui marchait sur l'eau à 50 ou 100 mètres de moi, dans ma direction, son bras gauche levé en signe de bonjour et qui avançait pas à pas au milieu de l'étang.

Au-dessus d'elle, dans le ciel, un être de lumière d'un blanc immaculé, avec des ailes rondes, semblait flotter dans l'espace.

Un sentiment étrange m'a envahi, mais sans aucune crainte et j'ai juste eu le temps de prendre deux photos pour immortaliser ces instants.

La réalité était là, devant mes yeux et mon appareil numérique fut le témoin de ce phénomène surnaturel qui incite à se poser la question:

« Sommes-nous vraiment seuls dans l'univers ? »

## Présentation des photos

Sur la première photo, nous observons la présence d'un être de lumière et sur l'eau celle d'une femme, tous deux semblant protégés par des faisceaux lumineux alors que le soleil est loin sur l'horizon. Aucun de ces personnages ne se reflète sur le miroir de l'eau.

Au fond de l'étang, les lumières venant de la rue se dupliquent en jaune, exceptée celle de gauche dont la réverbération est blanche, décolorée par une présence devant elle qui filtre son reflet naturel.

Sur la deuxième photo, la femme s'est enroulée en une forme de « A », comme pour dire
« Amour » ou « Ailleurs » et l'être de lumière s'est envolé dans le ciel, laissant une traînée blanche derrière lui. Nous le voyons nettement de profil. Ses ailes se sont déployées plus grandes encore pour atteindre un point lumineux, une étoile ou autre chose.

Sa distance au-dessus des arbres, à cet instant, semble se situer entre 500 et 1.000 mètres.

Nous remarquons que le reflet de gauche reprend sa couleur initiale jaune, hors du filtre de la présence de la femme.

Les vapeurs se sont ensuite complètement dissipées. Le phénomène a duré entre 15 et 20 secondes, puis tout est redevenu normal.

Nous pouvons voir dans les vapeurs des deux photos des lettres, des formes, des visages, laissant à chacun le choix d'interpréter selon ses croyances.

En ce qui me concerne, je vois en premier plan le squelette d'une personne portant son enfant contre son sein gauche.

Une tête de démon en haut sur la droite et des initiales au milieu en bas « SD » pouvant indiquer « Satan, démon ».

En arrière plan on distingue bien, l'être de lumière et la femme voilée protégée par des faisceaux lumineux. Le combat du bien et du mal.

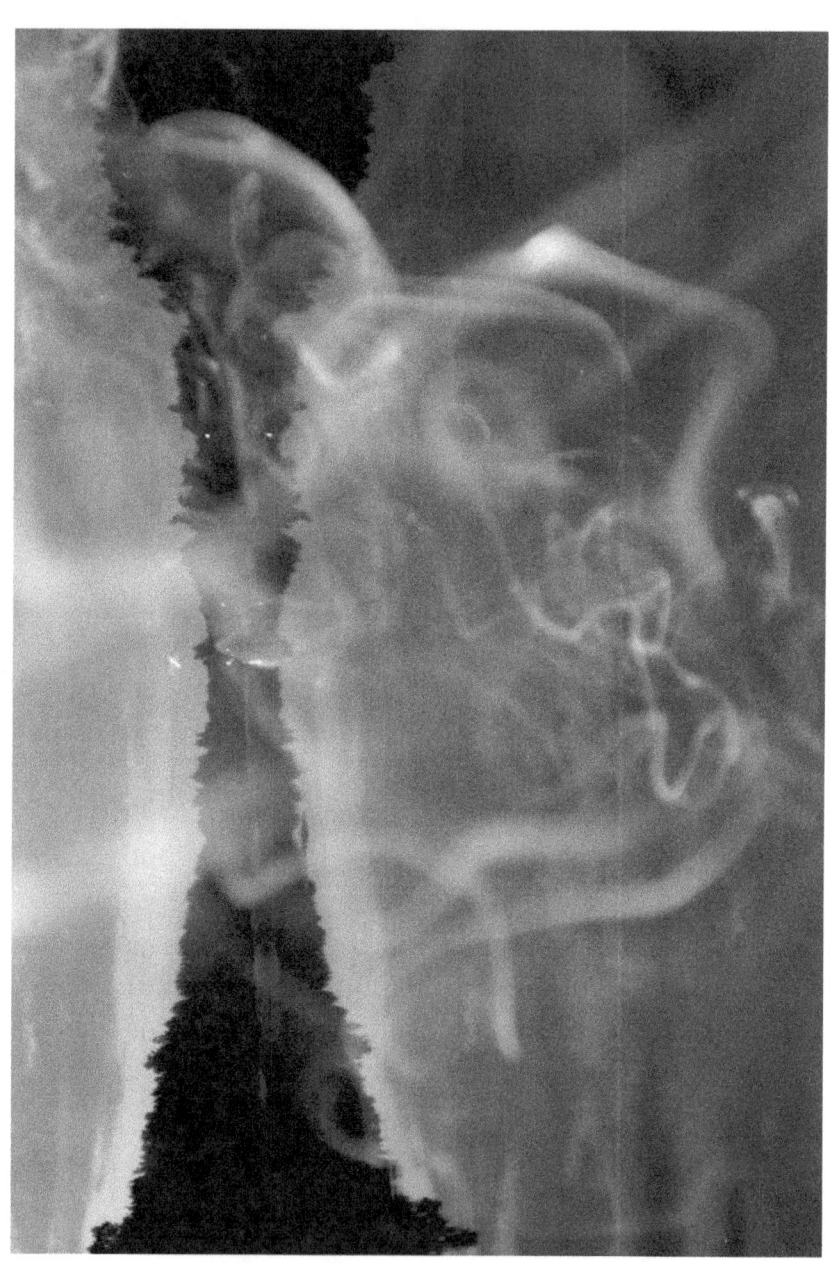

Première photo

Détail première photo

Deuxième photo

Détail deuxième photo

De retour chez moi j'étais en méditation et, j'ai eu immédiatement le besoin intense d'écrire ce que je ressentais.

Sous ma plume défilait instantanément cette sensation de bien-être. En quelques minutes les mots se sont posés sur le papier comme une écriture automatique. Les phrases s'écoulaient comme si je les avais puisées directement à la source de l'essentiel pour en recueillir chaque goutte, laissant mon âme accéder à la lumière de l'instant présent.

Durant cette nouvelle expérience, mon esprit était en lévitation. J'avais ce sentiment d'être en communication directe avec l'au-delà et en même temps relié avec mon corps qui n'opposait aucune entrave à cette transmission spirituelle.

Je faisais en quelque sorte abstraction de mon état charnel qui, me servait malgré tout de médiateur pour retranscrire mes pensées profondes.

Ce texte « Il pleut sur le silence » est né ainsi dans son intégralité, sans que je n'aie à reprendre un seul mot.

# IL PLEUT SUR LE SILENCE

Méditer un instant et laisser son âme fusionner à
la source lumière, s'abreuver à l'essentiel pour
cueillir les fruits de l'existence.

Il pleut sur le silence
Un soupir de transparence
D'une émotion intense
Dans un instant d'absence

Lumière de la conscience
Qui se noie dans l'immense
D'une douce délivrance
Aux prières d'espérance

Il pleut sur le silence
Le secret de tes sens
A la source de ton essence
Ton âme chante et danse

Un pleur d'effervescence
Soulage ta souffrance
Les larmes d'évanescence
S'envolent en dissonance

Il pleut sur le silence
Le cœur de l'innocence
Où ton être en brillance
S'exhale en magnificence

Une note de romance
De la harpe qui pense
L'écho en résonance
Aux cordes de l'existence

Il pleut sur le silence
Les fruits de la présence
Tu cueilles la bienveillance
De l'eau de ta naissance

## Mon ressenti

Cette apparition révèle un message spirituel qui me concerne. Elle est arrivée à un moment précis de mon existence où je me trouvais dans un trouble profond, perdu dans les méandres de la vie à la recherche de moi-même.

Une sensation étrange m'a envahi. J'ai ressenti alors dans mes veines un flot de bonheur d'une sérénité profonde qui venait lentement s'écouler jusqu'à la plus infime partie de mon être.

Je perçois aujourd'hui cette apparition comme une bénédiction. Sa lumière a éclairé mon chemin pour me guider vers mes vraies réalisations.

Je remercie ces deux êtres intemporels de m'avoir offert, par leur présence, ces instants de grâce qui contribuent depuis, à renforcer ma foi et élever mon âme vers l'Amour universel.

Quand l'invisible et le visible sont à l'unisson, des messages nous parviennent sous diverses apparences pour nous faire réfléchir sur les autres dimensions de la vie.

Nous devons en prendre conscience et nous rendre à l'évidence que l'immense univers nous réserve encore bien des surprises.

Une autre chose est également extraordinaire ! Quelque temps auparavant, j'ai écrit trois poèmes successifs liés à cette apparition.
« S'agissait-il d'une Prémonition ? »

La muse (en mai 2007)

Juste une illusion (en juin 2007)

L'étang (en juillet 2007, 15 jours avant l'apparition).

Poème écrit en hommage à l'étang
« La Gravière », endroit qui, pour moi, est mystique et une de mes principales sources d'inspiration.

# LA MUSE

Dans le silence du crépuscule, la muse se diffuse sous la lumière de la lune aux portes d'un autre monde, pour éclairer l'âme du poète.

Sentiment étrange
Sous un ciel orange
Dans une lumière opaque
Flottant sur le lac
Une muse apparaît
Et t'offre ses secrets

Aux confins d'un marais
Sur un chemin discret
Dans un profond silence
La blanche muse danse
Sous la lune argentée
Dans la brume constellée

Dans un sillage blanc
Sur le dos d'un étang
Une robe de voile
Dans un rideau de cristal
La muse se pose sur la toile
Dans une pluie d'étoiles

Dans une lueur magique
Fuse un chant lyrique
Où rayonne la luminescente
Chaleur incandescente
De la muse blanchâtre
Qui se diffuse dans son âtre


Une oraison mystique
Aux abords d'une crique
Où l'âme de la vague divine
Dessine la muse fluide
Et la lame dans le vent
Se disperse dans le temps

# JUSTE UNE ILLUSION

Sur le chemin de notre existence, des messages nous parviennent, soit par des images, des mots, des impressions de déjà vu ou sentiment d'avoir vécu, à travers nos rêves ou la réalité, pour nous faire avancer vers la clarté de notre âme et guider notre destin vers les écrits du parchemin.

Alors poser chaque jour un regard à l'écoute de la nature et des êtres, nous aide à réfléchir et méditer sur le sentier de notre vie, au ressenti du « Flash d'une illusion », ce que l'on nomme « L'intuition » la saisir, la comprendre pour que notre ciel soit parsemé d'une pluie de lumière dans notre jardin d'Éden.

A l'orée d'un marais
Une nymphe apparaît
Sous la lune
En habit de brume

Juste une illusion
Une hallucination
Un simple frisson
Qui frôle ta raison

La vision d'un ange
T'offrant ses louanges
Au profond de tes songes
Aux portes d'un autre monde

Juste une illusion
Un moment de pâmoison
Pour suivre ta mission
Un message de protection

Des arômes de sérénité
Que ton cœur vient respirer
Dans une seconde, en un éclair
Pour que ton âme soit plus claire

Juste une illusion
Comme une floraison
Qui attise tes passions
Et enflamme tes émotions

# L'ETANG

Un hommage à l'étang « La gravière » à Samoreau, près de chez moi où j'aime me ressourcer, sa magie me transporte dans l'âme de la nature, un endroit mystique pour la contemplation et la méditation. Je m'assois à ses côtés, mon âme flotte dans le miroir du temps et s'envole au gré du vent dans l'espace d'un instant.

A toi l'étang
Le miroir du firmament
Je viens poser mes yeux
Pour admirer tes cieux
Dans des senteurs de blé
Humées d'un vent léger

A toi l'étang
Les fleurs te bordant
Se mirent dans tes eaux calmes
Jusqu'au fond de ton âme
Et nagent dans ta vie
Dans le creux de ton lit

A toi l'étang
Les rochers flottant
Sur ton onde sereine
Comme un vol de phalènes
Caressent ton corps de brume
Le soir sous la lune

A toi l'étang
Les arbres reflétant
Viennent teinter de vert
Le pur de tes eaux claires
Que peignent les oiseaux
Miroitant sur ton dos

A toi l'étang
Dans l'espace et le temps
La lune et le soleil
Plongent dans ton ciel
Pour boire les instants
De ton cœur apaisant

A toi l'étang
La source du printemps
Où s'aiment les amants
Leur amour naissant
Comme un diamant s'éclaire
De gouttes de lumière

Cette apparition fut pour moi une providence qui me guidait vers le chemin que je devais prendre pour me réaliser, car un mois après un éditeur acceptait mon recueil de poésies
« Fleurs du soleil ».

Et le plus étonnant, c'était celui avec le triptyque de lumière sur la couverture qui correspondait sensiblement à la photo que j'avais prise sur l'étang. De plus, cette illustration avait été dessinée par ma fille six mois avant ce phénomène. Coïncidence ou pas ? Ce n'était pas l'effet du hasard, mais bien un message que l'on me faisait parvenir pour poursuivre mes projets d'écriture.

Puis les événements se sont enchaînés. En 2008, j'étais invité à un premier salon du livre avec à la clé une récompense dans un concours de poésie. La consécration de ce travail me donnait du baume au cœur pour continuer dans cette voie que le destin m'avait tracée.

Je me suis aussitôt senti bien dans ce contexte, le partage littéraire, la rencontre avec les lecteurs, les autres auteurs, les éditeurs et le fait de se faire de nouveaux amis.

Puis vint la sortie de mon deuxième recueil
« Poésies d'une vérité » et ensuite la naissance
du troisième livre, « Larmes de lumière » celui
dont la couverture porte l'emblème du début de
cette aventure, « La photo de l'apparition ».

En quatre ans mon inspiration était devenue très
prospère. J'en étais à éditer mon quatrième
recueil, « Corps de femme ». J'étais à un
tournant de ma vie où les pièces du puzzle se
mettaient en place pour me préparer un meilleur
avenir.

Il était important pour moi de prendre en
considération les messages qui me parvenaient à
travers les chiffres. Ils allaient changer en
quelque sorte le cours de mon existence.

La carte mémoire de  mon appareil photo
numérique indique clairement la date et l'heure
précise de cette apparition, le 19 07 2007 à
22H02. En additionnant ces chiffres nous
obtenons le 5, celui de la spiritualité.

$$19 + 7 + 2007 + 22 + 2 = 2057$$
$$20 + 57 = 77$$
$$7 + 7 = 14$$
$$1 + 4 = 5$$

Récapitulatif sur les chiffes En observant leur forme, ils retracent l'évolution de la conscience. La courbe indique l'amour, le trait horizontal l'attachement, puis les croisements les choix et les épreuves.

Le 0 représente le vide. C'est l'œuf originel fermé.

Le 1 est le stade minéral. Ce n'est qu'un trait, il représente l'immobilité, la matière. Pas de courbe d'amour, pas de trait horizontal d'attachement, ni de croix d'épreuve. Il n'a pas de conscience.

Le 2 est le stade végétal. La partie inférieure est composée d'un trait horizontal, il est attaché à la terre et ne peut bouger. Il est enraciné mais doté d'une courbe à sa partie supérieure. Il aime le ciel, comme la fleur qui s'ouvre à la lumière pour offrir sa plus belle parure.

Le 3 est le stade animal. Il n'a pas de trait horizontal il est détaché, il peut bouger, se mouvoir et possède deux boucles. Il aime le ciel et la terre, sans leurs apporter d'attirance particulière. L'animal réagit selon son instinct. Il est en perpétuel mouvement, à la fois prédateur et proie.

Ces deux boucles ressemblent à deux bouches, l'une pour embrasser, l'autre pour mordre, en quête permanente de nourriture ou d'amour.

Le 4 est le stade humain. Il est représenté par une croix, le choix de prendre le bon chemin. S'il réussit son changement grâce à son libre arbitre, il pourra évoluer vers le niveau de conscience supérieur.

Le 5 est l'humain spirituel. C'est l'inverse du 2, il a le trait d'attachement en haut, il est lié au ciel, sa courbe dirigée vers le bas, il aime la terre. Il est libéré de l'emprise du sol et donc des besoins matériels. C'est l'être conscient éclairé par la divination et l'intuition.

Le 6 est l'amour total, une courbe sans angle, sans trait, une spirale qui voyage vers l'infini. C'est l'ange, un pur esprit sans matière libéré du ciel et de la terre. Il est canal vibratoire de la sagesse et possède également la forme du fœtus en gestation.

Le 7 symbolise la spiritualité, le sacré, le divin, la perfection. Il est rattaché au ciel, c'est l'homme parfait, Dieu porteur de l'essence originelle.

Le 8 symbolise la lumière, l'équilibre et l'alternance. C'est l'être suprême, l'homme plus que parfait maîtrisant le monde. Il a deux boucles formant un croisement il aime le ciel et la terre.

Le 9 est le renouveau trois au carré, la triple trinité. Il est lié à la puissance et symbolise l'universalité totale.

Il est important de souligner aussi les 22 arcanes majeurs de la symbolique du tarot.

Le 1 Adresse : succès.
Le 2 Mystère : complication obscurité.

Le 3 Fécondité : prospérité.
Le 4 Fermeté : permanence.

Le 5 Divination : intuition.
Le 6 Domination : amour vainqueur.

Le 7 Providence : appui
Le 8 Équité : succès en justice.

Le 9 Prudence : avertissement.
Le 10 Destinée : changement, bon ou mauvais.

Le 11 Énergie : récompense.
Le 12 Expiation : peine, épreuve

Le 13 Destruction : abandon, fin.
Le 14 Transformation : modification favorable.

Le 15 Fatalité : conséquence inéluctable.
Le 16 Désastre : péril, ruine.

Le 17 Espérance : consolation, réconfort.
Le 18 Ténèbres : pièges, trahison.

Le 19 Révélation : aboutissement.
Le 20 Imprévu : bonne nouvelle.

Le 21 Égarement : imprudence.
Le 22 Absolu : triomphe.

Je devais prendre en compte deux chiffres important qui étaient présents dans mon existence, le 5 et le 19. Revenons d'abord à ce chiffre 5. Dans un premier temps, je constatais que mes parents habitaient au 32, mes grands parents au 23 et moi à une période de ma vie au numéro 5, qu'il existe 5 catégories d'esprits. A noter aussi les faits suivants :

Il représente les cinq sens de l'être humain:

La vue
L'ouïe
Le goût
L'odorat
Le toucher

Il reflète également l'être humain conscient:

La spiritualité,
L'intuition,
La divination
L'amour
La liberté

Il détermine aussi les cinq éléments:

La terre
L'eau
Le feu
L'air
L'éther

Il est important de souligner qu'aujourd'hui dans l'ère du verseau nous allons vers une nouvelle façon d'agir et de penser.

C'est la fin d'un cycle « Le déclin matériel et monétaire », où va prendre part dorénavant le réel partage dans une plus grande spiritualité.

Comme le précise le calendrier maya, de la troisième dimension nous franchirons le tremplin de la quatrième dimension qui est très courte, pour entrer directement dans la cinquième dimension, éclairés par le cinquième soleil et accéder au cinquième élément, « L'éther ». On ne peut plus maintenant parler de coïncidences, mais plutôt d'une réalité évidente.

L'éther, élément majeur de notre spiritualité, il est capable de transmettre des ondes d'énergie sur un vaste registre de fréquence. Ce qui pourra nous permettre d'avoir une relation directe avec les cieux par des perceptions extrasensorielles à travers notre corps éthéré.

Par la suite j'avais matière à réfléchir à ce nombre 19 qui représente, « La révélation et l'aboutissement », avec lequel il se passa plusieurs événements que je ne pouvais pas considérer comme des coïncidences.

Les photos de l'apparition prises un 19.

Lorsque j'ai mis ces photos sur mon site internet, il y a eu 19 commentaires bloqués jusqu'au 19 novembre, précisément le jour où je recevais mon troisième recueil, « Larmes de Lumière », dont l'apparition est en photo de couverture. Lorsque les livres ont été livrés à mon domicile il était 19H.

De plus quelle ne fut pas ma surprise, en comptant les recueils, de constater qu'il y en avait 19 de plus que prévus.

J'étais dans une spirale de circonstances. Une accumulation d'événements liées à ce numéro, se profilait sur mon chemin.

Dans le premier salon du livre où je présentais ce troisième recueil, je rencontrais une autre situation étonnante. De nouveau ce chiffre semblait suivre son évolution pour me guider vers cette voie que je devais suivre, pour en comprendre le sens.

Un quart d'heure avant la fin de l'exposition, une jeune femme arriva pour m'acheter mon 19ème exemplaire. Pendant notre conversation, elle me dit : « Vous savez c'est surprenant, je suis née à 19H »

A la clôture du salon durant le pot de l'amitié, nous parlions des êtres qui se retrouvaient dans cette vie. Sans nul doute ces rencontres n'étaient pas le simple fait du hasard. Mais que nous faisions partie des mêmes rameaux sur l'arbre de vie dans le but de s'entraider mutuellement et de partager ces instants spirituels pour nous faire avancer vers cette lumière divine accessible à tous, sans aucune exception.

La lectrice me confia : « En ce moment je n'ai pas le moral à cause de mon travail, je dois prendre une décision importante rester ou partir. Je me vois habillée tout en noire tenant le parchemin de ma vie sur une branche d'arbre noire et, à côté de moi, un oiseau noir. Nous attendons tous les deux de prendre notre envol vers un autre chemin plus lumineux ».

A cet instant précis un homme me tapa sur l'épaule pour nous donner un marque-page pensant qu'il était à nous. Chose extraordinaire, l'illustration correspondait exactement au sujet de notre discussion. Le fond coloré du marque-page était orangé, avec des branches d'arbres aux rameaux noirs où un corbeau était perché. Sur la plus grosse branche une femme se tenait debout vêtue de noir, les bras tendus vers sa tête qui était un livre ouvert.

La couverture était noire avec deux yeux brillants et l'on pouvait observer les pages blanches qui semblaient défiler comme pendant une lecture.

Mais ce qui était d'autant plus bizarre, c'est que ce marque page annonçait un prochain salon du livre dans la ville où justement ma lectrice travaillait. Soudain elle regarda sa montre, l'heure indiquait 19H19 précise.

Il me paraissait évident que ce message lui était destiné pour prendre la bonne décision concernant son travail, celle de partir pour trouver une meilleure qualité de vie.

J'appris par la suite qu'elle avait changé d'emploi et qu'elle était très satisfaite dans son nouveau job.

Le lundi, de retour au bureau, je racontais à la secrétaire de ce qui m'était arrivé. Pendant notre conversation elle me dit : « Tu sais moi aussi je cherche un autre emploi pour me rapprocher de chez moi, soit pour travailler dans une mairie ou être assistante maternelle. Cela fait un mois et demi que j'ai envoyé un CV et je n'ai toujours pas de nouvelles ».

Après lui avoir vendu mon recueil, dans le quart d'heure qui suivit, elle vient me voir en me disant : « Je ne sais pas si c'est la photo de ton livre qui porte bonheur, mais en tous les cas après l'avoir touchée, j'ai eu un coup de téléphone ; celui que j'attendais. J'ai un rendez-vous pour lundi prochain à 19H ».

Quelque temps après elle changea de travail pour devenir assistante maternelle.

Une fois de plus ce nombre était porteur de nouvelles. C'était une révélation divine annonçant la fin d'une période ou d'un cycle pour accéder et s'élever vers un autre chemin.

Il est un fait certain que ce numéro agit comme une clé qui ouvre la porte vers un nouveau destin.

Il y avait aussi ce phénomène qui m'avait profondément marqué auparavant, mon père décédé un 19 et le jour où j'ai mis sa montre à mon poignet. Dans les secondes qui suivirent le bracelet cassa et en tombant sur le sol s'arrêta à 19 heures précises.

Finalement malgré le chagrin que j'avais ressenti, je devais accepter son absence. Il était parti pour une autre vie meilleure, un choix qu'il avait fait dans cette existence pour s'améliorer.

Ma mère née en 1919, possédait deux clés. Celle de sa vie terrestre qui avait été laborieuse à force de travail et de détermination pour franchir les épreuves difficiles qu'elle avait choisies. Et puis ce don de guérisseuse, ce fluide qu'elle avait reçu à sa naissance pour soulager la douleur de son entourage, ce qui lui donnait cette force morale et physique pour avancer spirituellement.

Lors de l'envoi par la poste de mon recueil, « Larmes de lumière » à la sœur de mon amie, avec laquelle j'avais créé le site, « Poésies d'une vérité ». Elle me donna son adresse et de nouveau un concours de circonstances se présenta, elle habite au numéro 19.

Une autre situation similaire se présentait, le fait que leur père soit décédé également un 19. Il était évident que notre rencontre n'était pas le fruit du hasard. Nous avions dans cette vie des réalisations différentes et en même temps communes à travers ce nombre qui nous avait marqués dans cette existence.

A la suite de ces expériences, il était pour moi important de croire, mais aussi d'admettre que le ciel nous apporte ces messages chiffrés pour évoluer dans notre vie.

Nous ne pouvons pas aujourd'hui nier cette relation avec la numérologie. Elle fait partie intégrante de notre existence. Par la date et l'heure de notre naissance, nous avons décidé de ce choix avant de naître. D'autre part, certains numéros nous suivent pendant le cours de notre vie. Ils agissent comme des effets prémonitoires dans le temps et déterminent en partie le chemin que nous avons à parcourir pour le meilleur et pour le pire. Il est donc essentiel d'étudier leur signification propre avant de prendre une décision.

Cette éminence temporelle et spirituelle, que nous devons examiner attentivement de manière à accomplir nos actes du mieux possible, pour être et se réaliser.

Je viens vous faire partager mon ressenti à travers un texte, « Aujourd'hui c'est Demain ». Pour moi il est certain que chaque jour, nous devons apporter le meilleur de nous-même pour avancer et nous préparer à un nouvel avenir plus bénéfique dans le réel partage.

# AUJOURD'HUI C'EST DEMAIN

Aujourd'hui c'est demain
Pouvoir unir nos mains
A l'aube de nos matins
Sur l'aurore du chemin

Bannir les frontières
Pour sécher la misère
Des larmes guerrières
Dans nos yeux solitaires

A l'écho de la terre
Partageons nos prières
Pour un monde serein
Quand résonne le tocsin

Aujourd'hui c'est demain
De l'ultime chagrin
Dans l'amour de chacun
Le cœur n'aura plus faim

Donner à nos enfants
La force d'un serment
La vérité lumière
De la source naguère

Des perles d'espoirs
Coulent dans un regard
Où nos lèvres asséchées
Viennent s'abreuver

Aujourd'hui c'est demain
Car aimer son prochain
C'est le seul vrai destin
Des écrits du parchemin

Je tenais à finir ce livre avec des pensées profondes pour mes parents car sans eux je ne serais pas là aujourd'hui. Dans toute cette partie de mon existence vécue auprès de vous, les souvenirs restent ancrés dans mon âme à tout jamais, ce sont tous ces moments de bonheur partagés où vous m'avez aidé à grandir et évoluer sur ce chemin de vie en me donnant tout votre amour.

Bien sûr il y a eu des joies et des peines, comme dans toutes les familles. Mais maintenant je ne garde que les bons côtés moments gravés dans ma mémoire. Tous ces instants où nous étions unis et heureux dans nos balades, nos repas, nos conversations et nos fous-rires.

Il est difficile pour moi d'admettre totalement cette séparation. Mais la vie est ainsi faite et nos corps de chair et de sang ne peuvent subsister éternellement. Contrairement à l'esprit qui grandit et se développe dans l'infini cosmos depuis la nuit des temps. Il pourra un jour atteindre le bonheur absolu à la source du « Nirvana », qui représente dans le bouddhisme l'extinction du désir humain, entraînant la fin du cycle des naissances et des morts.

Dorénavant je sais que vos âmes brillent comme des étoiles dans cet univers de lumière merveilleux et magique où l'amour a pour but principal d'améliorer notre existence pour évoluer à travers nos réincarnations.

Cette certitude que nous sommes liés avec l'au-delà depuis la nuit des temps, où l'essentiel de la naissance de l'âme est de se purifier pour donner tout son amour existentiel.

La seule issue possible est d'accepter cette complémentarité du corps et de l'esprit pour évoluer vraiment vers cette lumière où tous les êtres sont unis.

Dans cette existence évidente de l'autre monde, je viens simplement et humblement dire que cette réalité nous emporte à travers nos faits et gestes vers cette vérité profonde,
« La source de l'amour éternel »

Ce monde spirituel, dans lequel j'ai eu l'occasion de pénétrer pendant une courte période, c'est là qu'un jour je vous retrouverai. Mais en attendant ce nouveau voyage je vous dépose ces quelques mots : le plus profond de mon amour pour vous.

# LE SOUFFLE DE TON AME

A mes parents qui voyagent dans les étoiles, le souffle de leur âme reste gravé dans mon cœur et mon esprit jusqu'au jour du grand voyage où ma petite flamme viendra à leur côté chevaucher la lumière des plaines de l'éternité. Je prendrai leurs mains dans la mienne, pour de nouveau leur dire, « Je vous aime ».

Le souffle de ton âme
Aux Dieux des pléiades
A gravé dans le temps
Des lettres d'ambre et d'encens
Sur les pierres de l'Olympe
Le parchemin des saintes


Le souffle de ton âme
Au velours de parme
Chante des notes de satin
L'hymne de ton destin
Sur la harpe céleste
L'ode du poète

Le souffle de ton âme
Flotte comme une naïade
Et les cordes de ta lyre
Dans l'instant d'un soupir
Caressent l'onde de la rivière
Par tes vies éphémères

Le souffle de ton âme
Quand le vent enflamme
L'iode vert parfumé
De vapeurs éthérées
Dansant sur les vagues
Dans les brumes océanes

Le souffle de ton âme
Une perle de charme
D'où s'écoule une larme
Comme une lune de jade
Où la lumière du ciel
Brille en arc en ciel

Le souffle de ton âme
Drapé de saxifrages
Fleurit l'Eden sur les nuages
Dans le jardin des sages
Laisse des traces de ton passage
Pour continuer le grand voyage

# Index

# Et

# Du même auteur

# Index

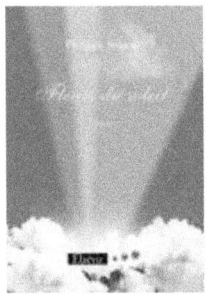

## FLEURS DU SOLEIL: aux Éditions ELZEVIR

Ce recueil pose un regard sensible et à fleur de peau sur les sentiments profonds de l'âme, la passion, l'espoir, la solitude, mais aussi sur la réflexion, le destin de la vie et le chemin de l'amour éternel.

## POESIES D'UNE VERITE: aux Éditions BENEVENT

Ce recueil reflète des visions poétiques et des pensées philosophiques sur la nature, les croyances, la relation de soi avec les autres et celle entre le corps et l'esprit: « **l'âme** »

## LARMES DE LUMIERE: aux Éditions
## DEUX LUNES A L'AUTRE

Ce recueil nous transporte entre l'espace et le temps, aux sources mêmes de la présence.
Dans le ciel astral le passé, le présent, le futur ne font qu'UN.
On entre dans l'éternel présent.

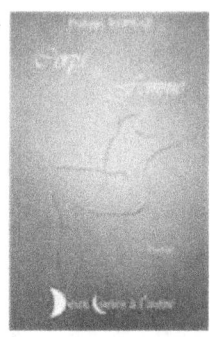

## CORPS DE FEMME : aux Éditions DEUX LUNES A L'AUTRE

Son quatrième recueil, Corps de femme nous fait voyager dans les sphères subtiles de la sensualité, avec sensibilité et délicatesse au regard de l'amour charnel et spirituel.

# BIOGRAPHIE DE L'AUTEUR

Philippe ROPRAZ est né en 1953, à Corbeil-Essonnes, où il vécut une enfance paisible, aux portes de la nature, dans le village médiéval de Milly-la-Forêt, pays de Jean Cocteau, sa première source d'inspiration, puis s'installe à Samoreau, en bord de Seine, pays de Stéphane Mallarmé ( Vulaines ) et de Django Reinhardt ( Samois ).

L'étang « La Gravière », endroit magique où les rochers semblent flotter sur l'eau, devient égérie quand, dans le silence du crépuscule, les muses se diffusent sous la lumière de la lune aux portes d'un autre monde.

Son premier recueil, Fleurs du soleil, est un hymne au féminin « Les femmes et leur sensibilité face à l'amour » et un hommage à sa Muse. Ce sont pour l'essentiel des moments vécus et des émotions « De l'instant ».

Son deuxième recueil, Poésies d'une vérité, miscellanées de visions poétiques et philosophiques, s'attache à la nature, aux croyances, à la relation de soi avec les autres, du corps avec l'âme.

Son troisième recueil, Larmes de lumière, nous transporte entre l'espace et le temps, aux sources même de la présence. Dans le ciel astral le passé, le présent, le futur ne font qu'UN. On entre dans l'éternel présent.

Son quatrième recueil, Corps de femme nous fait voyager dans les sphères subtiles de la sensualité, avec sensibilité et délicatesse au regard de l'amour charnel et spirituel.

En avril 2007, il crée avec Manuela BARROS, une amie résidant au Portugal, un site
« Poésies d'une vérité »
Lieu d'échanges poétiques et de dialogue, ouvert à tous ceux qui souhaitent s'évader un instant, dans un monde plus serein et plus romantique.

# Graine de bonheur

Entrez dans l'univers empreint de félicité que vous pro-
pose **Marielle Adam** dans *Graine de Bonheur*.

Dans cet ouvrage sont rassemblés des textes et des
photographies mettant en exergue la force bienfaitrice de
l'homme et de l'univers qui l'abrite. C'est ce regard sur la
beauté présente dans le monde qui nous pousse tous vers
le bonheur.

La poésie cadencée, révélatrice et sonore de l'auteur fera
certainement germer en vous courage et amour.

Vivez avec cette lecture un moment de détente en toute
simplicité où la puissance des mots, de la vie et de la
nature vous toucheront en plein cœur.

ISBN : 9 782322 031368

# L'Opale

## Angélique Blondeau, Thomas Goudal, Audrey Levy, Maud Faucher

## Tome 1

Roxane, maladroite et peu sociable ; Audrey, pas très grande et toujours dans la lune ; Maud, un peu folle et séductrice ; Thomas, naïf et en manque de maturité ; et Tiffany, réservée et solitaire... Ces « élus » vont devoir sauver le monde ! Enfin... pas n'importe quel monde : Celui de Cosmira...

Ils devront se laisser guider par une étrange « voix » qui résonne dans leur tête. Celle-ci va les mener à une fontaine magique qui leur permettra de se lancer dans cette quête. Ils apprendront à vivre ensemble, à se battre à l'aide de leurs dons magiques, puis, à former une grande armée en s'alliant aux différents peuples et créatures de ce monde...

ISBN : 978-2-9541149-4-1

## Tome 2

Les élus ont acquis une réputation de grands combattants sur les terres de Cosmira mais la disparition de l'un des leurs laisse les adolescents profondément bouleversés. Pourtant, les batailles s'enchaînent, partout sur ce continent où règne la magie. Il est donc temps de faire appel à leurs nombreux alliés pour repousser la menace. Mais tout n'est pas si simple, car, en plus de leurs préoccupations guerrières, les adolescents doivent faire face à de nouvelles déchirures sentimentales qui pourraient bien les affaiblir... Sans compter que les héros ne sont plus aussi naïfs qu'au début de leur aventure. Plusieurs événements étranges et parfois inquiétants soulèvent de nombreuses questions sur leur véritable rôle dans cette guerre...

Dépôt légal: mai 2013
Imprimé par BoD - Books on Demand GmbH, Norderstedt, Allemagne
Isbn: 9782954114934
@2013 Éditions de l'Aurore des mots

www.auroredesmots.com